能源法律体系化研究

袁荆江 著

河海大学出版社
HOHAI UNIVERSITY PRESS
·南京·

图书在版编目(CIP)数据

能源法律体系化研究 / 袁荆江著. -- 南京：河海大学出版社，2021.12
ISBN 978-7-5630-7357-3

Ⅰ. ①能… Ⅱ. ①袁… Ⅲ. ①能源法－研究 Ⅳ. ①D912.604

中国版本图书馆 CIP 数据核字(2021)第 278708 号

书　　名	能源法律体系化研究 NENGYUAN FALÜ TIXIHUA YANJIU
书　　号	ISBN 978-7-5630-7357-3
责任编辑	齐　岩
特约校对	黎　红
封面设计	张小白
出版发行	河海大学出版社
地　　址	南京市西康路 1 号(邮编：210098)
电　　话	(025)83737852(总编室)　(025)83722833(营销部)
经　　销	江苏省新华发行集团有限公司
排　　版	南京布克文化发展有限公司
印　　刷	广东虎彩云印刷有限公司
开　　本	880 毫米×1230 毫米　1/32
印　　张	3.75
字　　数	108 千字
版　　次	2021 年 12 月第 1 版
印　　次	2021 年 12 月第 1 次印刷
定　　价	46.00 元

前言

能源是能为人类提供某种形式能量的物质资源。能源的今后发展方向是决定人类社会能否更好地生存的关键问题之一。随着我国经济的快速增长,能源问题的重要性日益突出。对于法律如何保障能源的安全可靠供应,以支持我国经济长期增长,社会各界十分关注。然而,我国能源问题依然十分严峻,还存在能源供需紧张、能源结构不够合理、能源利用效率偏低、环境污染压力较大、优质能源进口依赖度高、国际能源形势复杂多变等诸多问题。我国能源问题虽然可以通过经济、行政和法律等多种手段进行调整,但长期以来,我国侧重对能源和资源的政策调整,忽视用法律进行调整。对此,我国能源法律体系仍需要进一步完善。因此,健全和完善我国能源法律体系的任务十分紧迫。

能源法律体系是一个国家能源法及其制度健全和完善的标志,直接影响一个国家能源安全供应问题。为了实现能源与环境、经济和社会的可持续发展,我国必须在选择和实施可持续发展战略的同时,加强能源法律制度建设。本书围绕能源法律体系化展开研究,在内容安排上共设置四章:第一章是能源与能源法认知,内容包括能源认知、我国能源的可持续发展、能源法的调整对象及其作用、能源法律体系概述与立法宗旨;第二章探讨我国能源法律体系化的现实基础,内容涉及我国能源法律体系的构成要件以及我国能源法律制度的具体内容;第三章围绕我国能源法律体系完善的必要性、我国能源法律制度完善的理论依据以及我国能源法律体系构建与完善发展展开论述；第四章基于石油、天然气和煤炭三方面研究传统型能源及其法律体系化。

全书紧紧围绕能源法律制度这条主线，以能源法律体系的完善为出发点，对现行法律的立改废释进行剖析，运用比较研究的方法对能源法学基本理论和制度体系进行比较系统、全面地分析和研究，既有理论探讨，又有实践剖析，将理论性、前沿性与实践性、可操作性融为一体是本书的突出特点。因此，本书既可以为读者进一步研究能源法学理论和方法提供一个平台，也可以为立法、执法、司法部门的实践提供法律理论支持。

诚然，作为一部探索之作，会受各方面条件限制，书中难免存在不足和值得商榷的地方，请读者批评指正。

作　者

2020 年 12 月

目 录

第一章 能源与能源法认知 …………………………………… 001
 第一节 能源认知 ……………………………………………… 001
 第二节 我国能源的可持续发展 ……………………………… 010
 第三节 能源法的调整对象及其作用 ………………………… 013
 第四节 能源法律体系概述与立法宗旨 ……………………… 017

第二章 我国能源法律体系化的现实基础 …………………… 025
 第一节 我国能源法律体系的构成要件 ……………………… 025
 第二节 我国能源法律制度的具体内容 ……………………… 030

第三章 我国能源法律体系的完善对策探讨 ………………… 052
 第一节 我国能源法律体系完善的必要性 …………………… 052
 第二节 我国能源法律制度完善的理论依据 ………………… 055
 第三节 我国能源法律体系构建与完善发展 ………………… 060

第四章 传统型能源及其法律体系化研究 …………………… 070
 第一节 石油法律制度体系完善 ……………………………… 070
 第二节 天然气类法律制度体系完善 ………………………… 083
 第三节 煤炭法律制度体系完善 ……………………………… 095

结束语 …………………………………………………………… 111

参考文献 ………………………………………………………… 112

第一章
能源与能源法认知

能源是人类社会存在的物质基础,也是国民经济的重要保障,不仅关系人类社会的可持续发展,也关系一个国家经济发展、国家安全和民族根本利益。中国的可持续发展不仅有赖于稳定可靠的能源供应,更取决于能否妥善解决大规模能源使用带来的影响。这些发展中的能源问题需要通过法治的方式加以解决。同时,在能源勘探开发、生产建设、经营管理、输送供应、利用消费等环节,均存在千丝万缕的社会关系,需要用法律手段进行调整和规范。本章内容包括能源认知、我国能源的可持续发展、能源法的调整对象及其作用、能源法律体系概述与立法宗旨。

第一节 能源认知

一、能源的界定

能源是自然界中能为人类提供某种形式能量的物质资源或物质运动。"能源"包括两个方面:①能够提供能量的物质,如煤、石油等。②能够提供能量的物质运动,而物质运动产生的能量又有两种主要形式:一是分子运动产生的能量,如煤、石油等通过燃烧产生的热能;二是物质的机械运动产生的动能,如水在流动过程中产生的水能便属于能源。

关于能源的定义有不同表述,主要包括内涵与外延两个方面。

从内涵上定义:我国《能源百科全书》定义:"能源是可以直接或经转换提供人类所需的光、热、动力等任一形式能量的载能体资源"。《科学技术百科全书》定义为:"能源是可从其获得热、光和动力之类能量的资源"。《中华人民共和国可再生能源法》(以下简称《可再生能源法》)规定,"生物质能指利用自然界的植物、粪便以及城乡有机废物转化成的能源"。

从外延上定义:《中华人民共和国节约能源法》(以下简称《节约能源法》)第 2 条规定,本法所称能源,指煤炭、石油、天然气、生物质能和电力、热力以及其他直接或者通过加工、转换而取得有用能的各种资源。《可再生能源法》第 2 条规定,"本法所称可再生能源,指风能、太阳能、水能、生物质能、地热能、海洋能等非化石能源"。《大英百科全书》定义:"能源是一个包括所有燃料、流水、阳光和风的术语,人类用适当的转换手段便可让它为自己提供所需的能量。"《日本大百科全书》定义:"在各种生产活动中,人们利用热能、机械能、光能、电能等做功,可利用其作为这些能量源泉的自然界中各种载体,称为能源。"

从内涵和外延上定义:《中华人民共和国能源法(2007 年征求意见稿)》规定,本法所称能源指能够直接取得或者通过加工、转换而取得有用能的各种资源,包括煤炭、原油、天然气、煤层气、水能、核能、风能、太阳能、地热能、生物质能等一次能源和电力、热力、成品油等二次能源,以及其他新能源和可再生能源。

能源矿产是中国矿产资源的重要组成部分。中国能源矿产资源种类齐全、资源丰富,分布广泛,已知探明储量的能源矿产有煤、石油、天然气、油页岩、石煤、铀、钍、地热 8 种[1]。

二、能源的种类

能源可以根据成因、性质、来源和使用状况进行分类。根据不同的划分方式,能源可分为不同类型。

---

[1] 陈砺,严宗诚,方利国.能源概论[M].第二版.北京:化学工业出版社,2019.

1. 一次能源和二次能源。从能源产生的方式进行划分。所谓一次能源,指直接取自自然界中没有经过加工转换的各种能量和资源,包括原煤、天然气、太阳能、水能、风能、地热等;所谓二次能源,指由一次能源经过加工转换以后得到另一种形态的能源产品,如电力、蒸汽、煤气、汽油、柴油等。

2. 再生能源和不可再生能源。从能源可否再生、是否可再利用的角度进行划分。可再生能源指在自然界中可不断再生并可以持续利用的能源,主要包括太阳能、风能、水能、地热能、生物质能等;不可再生能源指一旦使用难以再生的能源,包括原煤、原油、天然气、油页岩、核能等,不可再生能源是经过亿万年方可产生且短期内无法恢复的能源。随着人们的使用越来越多,不可再生能源会变得越来越少,直到枯竭,在自然界中将不会再生。

3. 清洁型能源和非清洁型能源(污染型能源)。根据能源消耗后是否造成环境污染进行划分。污染型能源指对环境污染大的能源,包括煤炭、石油等,也称为非清洁型能源;对环境无污染或污染小的能源称为清洁型能源。清洁型能源包括水能、太阳能、风能以及核能等。

4. 常规能源和新能源。根据能源利用状况划分。常规能源指已经被大规模生产和广泛利用的能源,包括煤炭、石油、天然气等资源。常规能源是经过相当长的历史时期且已经被人类长期广泛利用的能源。新能源指尚未大规模利用、有待进一步开发的能源,是采用新的科学技术才能开发和利用并有发展潜力的能源,包括太阳能、风能、地热能、海洋能、生物能以及用于核能发电的核燃料等。

5. 能源也可以根据来源进行分类。地球上的能源有三个来源:①来自太阳能。由千万年以前的植物、动物尸体所变成的煤、石油、天然气等物质所含的能量;生物能、水能、风能等也是太阳能作用下的产物。②来自地球内部的能源,如地热能等。③太阳、月亮等星球对地球万有引力所带来的能量,如潮汐能。

三、能源的发展

（一）能源利用的发展变革

人类社会利用能源已经经历了三个时期,即薪柴时代、煤炭时代和石油时代。从总体上来讲,世界能源发展到现在,也经历了三次重大变革:第一次变革是煤炭代替薪柴;第二次变革是石油和天然气代替煤炭;在第三次变革中,可再生能源和新能源在整个能源中将占据主导地位。

第一次变革:煤炭取代薪柴成为主要能源的过程。18世纪前,薪柴为人类最主要能源。产业革命后,煤炭逐渐取代薪柴成为世界首位能源。这次能源变革推动了人类产业革命的进程,极大地提高了社会劳动生产率,促进社会经济繁荣,从根本上改变了人类的社会面貌。

第二次变革:石油和天然气取代煤炭成为主要能源的过程。继煤炭取代薪柴,20世纪60年代后,石油和天然气超过煤炭成为世界首位能源,这次变革开拓了能源利用新时代,促进世界经济发展。1967年,石油在世界一次能源消费结构中首次超过煤炭,成为新的核心能源,人类正式进入石油时代。

第三次变革:由太阳能、生物能、核能以及清洁煤等新能源取代石油和天然气的主导地位而成为多元化能源结构的过程。以新能源为核心的新一轮能源变革正在全球兴起,从以石油为主要能源,逐步走向多元能源结构(太阳能、核能、清洁煤、生物能等)。这次变革更好地解决了人类社会发展对能源的需求。未来几十年,随着石油生产顶峰期的过去,将逐步转入新能源和可再生能源时代。

在未来较长的一段时期内,以煤炭、石油、天然气为代表的传统化石能源仍将是世界能源供应的主力。我国能源要从严重依赖煤炭资源向多元、绿色、低碳化能源发展。根据我国能源资源禀赋状况,我国既要推动能源生产和消费革命,走低碳发展之路,又要推动传统化石能源的集约、高效、清洁利用,构建安全可靠、经济高效的能源供应体系,实现能源的可持续发展。总之,在能源结构的三次巨大变革中,科技发挥了根本性作用。

(二)世界能源发展趋势

全球能源版图正在发生一系列变化,这些变化将会重新定位不同国家、不同地区、不同能源在全球能源体系中的地位与作用。总体上看,世界能源秩序也面临着重大调整。展望世界能源,全球未来能源版图的发展变化呈现以下趋势。

趋势一:化石能源供应进一步趋紧,传统能源安全问题依然严峻,非传统能源安全问题日益凸显。能源的政治属性、金融属性进一步增强,地缘政治格局更加复杂,大国博弈日趋激烈。

趋势二:生态环境恶化和温室气体排放带来的巨大挑战,日益成为影响世界能源发展的重要因素。低碳化已经成为全球能源结构调整的主旋律,现在整个世界能源格局正在从煤炭、石油、天然气三足鼎立的局面向煤炭、石油、天然气、可再生能源和核能五足鼎立的时代演进。

趋势三:世界能源科技创新步伐加快,低碳化、信息化和智能化成为现代能源产业发展的主流。各国竞相发展先进低碳高效能源技术,抢占能源产业发展战略制高点,以赢得未来能源的主导地位。

趋势四:世界能源需求仍然快速增长,但是发达国家能源日趋稳定。从世界范围来看,世界能源消费总量将会持续上升,新兴经济体的能源需求大幅度增长,造成整体世界能源消费格局由发达国家主导向发达国家与发展中国家共同主导演变。

趋势五:美国的石油和天然气产量超常增长,导致全球能源流动发生显著变化。如果各国目前在能源消耗方面所做出的承诺都能实现,比如减少温室气体排放,减少并停止对化石能源的补贴,到2035年,北美将成为一个石油净出口地区,将会加速改变国际石油贸易方向,近90%的中东石油将出口到亚洲。

趋势六：全球能源需求将继续增长，化石燃料仍占据主要地位。至2035年，全球能源需求增长将超过三分之一，而中国、印度和中东将占据增幅的60%。届时，全球石油需求量每天将达9 900万桶，油价每桶将达215美元。伊拉克的石油产量将占全球45%，超过俄罗斯成为全球第二大石油出口国。

趋势七：可再生能源作用日益凸显，水电、风能和太阳能等可再生能源将成为全球能源不可或缺的一部分。到2035年，可再生能源将占全球总发电量的1/3，其中太阳能的增速最快。与此同时，生物能源的供应也大幅增加，可以满足人们预计的需求，而不必担心与粮食生产发生冲突，主要是因为三个因素的影响：技术成本的降低、化石燃料价格上涨以及碳排放成本的增加。

趋势八：致力于提高能源效率。各国如果能在提高能源效率上做出更大努力，从政策层面进行推动，可以使全球能源需求增长减少一半。当今世界没有任何一个国家能够成为能源"孤岛"，各种燃料、市场及价格之间的交互作用正在日益加剧。对于政策制定者来说，要寻找到同时能够实现能源安全、经济增长和环境保护目标的良方并不是一件容易的事。

以上是世界能源发展的趋势。面对能源挑战，未来世界能源的供应和消费将向多元化、清洁化、高效化、全球化和市场化方向发展。

（三）我国能源发展面临的挑战

20世纪70年代末我国实行改革开放以来，能源事业取得了长足发展。目前，中国已成为世界上最大的能源生产国之一，形成煤炭、电力、石油、天然气以及新能源和可再生能源全面发展的能源供应体系，能源普遍服务水平大幅提升，居民生活用能条件得到极大改善。能源的发展，为消除贫困、改善民生、保持经济长期平稳较快发展提供了有力保障。经过几十年的努力，已经初步形成以煤炭为主体，电力为中心，石油、天然气和可再生能源全面发展的能源供应格局，基本建立了较为完善的能源供应体系。但是，中国

第一章　能源与能源法认知

能源在加快发展过程中也存在突出问题,如资源约束比较明显、能源效率偏低、能源结构不够合理、环境压力加大、市场体系不够完善、安全应急体系不够健全等,突出表现在以下方面。

第一,资源约束矛盾突出。中国人均能源资源拥有量在世界上处于较低水平。虽然近年来中国能源消费增长较快,但目前人均能源消费水平还比较低。随着经济社会发展和人民生活水平的提高,未来能源消费还将大幅增长,资源约束不断加剧。此外,中国能源发展还面临着诸多挑战,能源资源禀赋不高,煤炭、石油、天然气人均拥有量较低。能源短缺和能源消费所引起的环境问题,已经成为我国可持续发展的"瓶颈"之一。

第二,赋存分布不均。煤炭资源主要赋存在华北、西北地区,水力资源主要分布在西南地区,石油、天然气资源主要赋存在东、中、西部地区和海域;而我国主要能源消费区集中在东南沿海经济发达地区。资源赋存与能源消费地域存在明显差别。能源的供应与需求中心逆向分布的矛盾将进一步深化,我国能源资源总体上是"西富东贫",需求是"东多西少"。未来,能源开发重心将进一步西移,但是需求重心仍然在东中部地区。资源约束突出,能源效率偏低,能源资源分布不均,也增加了运输和持续稳定供应的难度。

第三,开发难度较大。与世界能源资源开发条件相比,中国煤炭资源地质开采条件较差,大部分储量需要井工开采,极少量可供露天开采。石油天然气资源地质条件复杂,埋藏深,勘探开发技术要求较高。未开发的水力资源多集中在西南部的高山深谷,远离负荷中心,开发难度和成本较大。非常规能源资源勘探程度低,经济性较差。

第四,能源效率低。我国能源的使用效率一直不高。经济增长方式粗放、能源结构不合理、能源技术装备水平低和管理水平相对落后,导致单位国内生产总值能耗和主要耗能产品能耗高于主要能源消费国家平均水平,进一步加剧能源供需矛盾。单纯依靠增加能源供应,难以满足持续增长的消费需求。能源密集型产业技术较为落后,第二产业特别是高耗能工业能源消耗比重过高,钢铁、有色、化工、建材四大高耗能行业用能占到全社会用能的40%。能源效率相对较低,单位增加值能耗较高。

第五,能源科技创新能力不足。能源科技能力不足,使能源战略上实现能源大国向能源技术和装备强国的转变的目标任重道远。

第六,环境压力不断增大。化石能源特别是煤炭的大规模开发利用,对生态环境造成严重影响。大量耕地被占用和破坏,水资源污染严重,二氧化碳、二氧化硫、氮氧化物和有害重金属排放量大,臭氧及细颗粒物等污染加剧。未来相当长时期内,化石能源在中国能源结构中仍占主体地位,保护生态环境、应对气候变化的压力日益增大,迫切需要能源绿色转型。

能源消费结构以煤为主,环境压力加大。以煤炭为主的资源禀赋与低碳发展的要求相矛盾,目前煤炭占我国化石能源资源总量的90%以上,以煤炭为主的能源结构与低碳发展目标的矛盾将在一段时期内存在。相对落后的煤炭生产方式和消费方式,加大了环境保护的压力。

煤炭消费是造成煤烟型大气污染的主要原因,也是温室气体排放的主要来源,随着中国机动车保有量的迅速增加,部分城市大气污染成分已经变成煤烟与机动车尾气混合型。因此,中国能源生产领域的革命将致力于从以煤炭为主的传统能源格局转向多元化供给模式,如新能源汽车的快速发展,将有效改善机动车尾气污染的状况。

第七,市场体系不完善,应急能力有待加强。中国能源市场体系有待完善,能源价格机制未能完全反映资源稀缺程度、供求关系和环境成本。能源资源勘探开发秩序有待进一步规范,能源监管体制尚待健全。煤矿生产安全欠账比较多,电网结构不够合理,石油储备能力不足,有效应对能源供应中断和重大突发事件的预警应急体系也有待进一步完善和加强。

第八,能源消耗增长过快。根据我国公布的统计数据,我国于2006年能源生产总量超过美国,2010年我国能源消耗量超过美国。2011年我国能源消费总量为34.78亿吨标准煤,比2010年增加7%。2012年,我国一次能源消费总量已达到36.2亿吨标准煤,比2011年增长4%。2011年,中国已经成为世界上第一大能源生产和消费大国,却不是能源消费强国。国家统计局发布的《2019年国民经济和社会发展统计公报》初步核算,我国全年能源消费总量48.6亿吨标准煤,比2018年增长3.3%。煤炭消费量增长1.0%,原油消费量增长6.8%,天然气消费量增长8.6%,电力消费量增长4.5%。

我国钢铁、有色金属、石化、化工、水泥等高耗能重化工业加速发展;随着生活水平的提高,消费结构升级,汽车和家用电器大量进入家庭;城镇化进程加快,建筑和生活用能大幅度上升。如此巨大的需求,在煤炭、石油和电力供应以及能源安全等方面都会带来问题。按照能源中长期发展规划,在充分考虑节能因素的情况下,2020年能源消费总量约49.8亿吨标准煤,无论是增加国内能源供应还是利用国外资源,都面临着巨大压力。能源基础设施建设投资大、周期长,还面临水资源和交通运输制约等一系列问题,因此,能源需求的快速增长对能源资源的可供量、承载能力,以及国家能源安全提出了严峻挑战。

第九,能源体制机制亟待改革。能源体制机制深层次矛盾不断积累,价格机制尚不完善,行业管理仍较薄弱,能源普遍服务水平亟待提高,体制机制约束已成为促进能源科学发展的障碍。

第十,能源安全形势严峻。能源对外依存度上升较快,特别是石油对外依存度上升较多。石油海上运输安全风险加大,跨境油气管道安全运行问题不容忽视。国际能源市场价格波动增加了保障国内能源供应难度。能源储备规模较小,应急能力相对较弱,能源安全形势严峻。

中国能源发展面临的这些问题,是由国际能源竞争格局、中国生产力水平以及所处发展阶段决定的,也与产业结构和能源结构不合理、能源开发利用方式粗放、相关体制机制改革滞后密切相关。对此,中国将大力推动能源生产和利用方式变革,不断完善政策体系,努力实现能源与经济、社会、生态全面协调可持续发展。目前,能源发展中存在的问题是发展中的问题,前进中的问题,我们有信心、有能力解决好这些问题。中国能源必须走科技含量高、资源消耗低、环境污染少、经济效益好、安全有保障的发展道路,全面实现节约发展、清洁发展和安全发展。中国将努力解决好能源问题,坚定不移地走能源可持续发展道路。改革是加快转变发展方式的强大动力。中国将坚定地推进能源领域改革,加强顶层设计和总体规划,加快构建有利于能源科学发展的体制机制,改善能源发展环境,推进能源生产和利用方式变革,保障国家能源安全。

第二节 我国能源的可持续发展

改革开放40多年来,我国经济快速增长,人民生活水平和综合国力发生了根本变化。2019年,我国国内生产总值按年平均汇率折算达到14.4万亿美元,稳居世界第二位;人均国内生产总值按年平均汇率折算达到10 276美元,首次突破1万美元大关。同时,2019年,我国国内生产总值比2018年增长6.1%,明显高于全球经济增速,在经济总量1万亿美元以上的经济体中位居第一;对世界经济增长贡献率达30%,持续成为推动世界经济增长的主要动力源。

当前,由于化石能源的大量使用,带来环境、生态和全球气候变化等一系列问题。在改革开放前30年,我国经济建设的成就在一定程度上是依靠基本生产要素的大量投入、依靠消耗大量的自然资源、依靠付出沉重的环境代价、依靠人为投资、依靠大量引进国外技术和使用国内大量廉价劳动力拉动,是一种粗放的、不可持续的经济发展模式。

主动破解困局、加快能源转型发展已经成为世界各国的自觉行动。新一轮能源变革兴起,将为世界经济发展注入新的活力,推动人类社会从工业文明迈向生态文明。我国经济发展正在进入结构调整、转型升级的攻坚期,新旧增长动能正在转换。创新驱动发展、"一带一路"、"中国制造2025"等正在深入实施。以新技术、新产业、新业态、新模式为特征的新经济蓬勃发展。我国产业结构正在发生重大变革,一大批新兴产业快速涌现,传统产业在国民经济中的比重逐渐下降。在这种大环境下,国家发展改革委和国家能源局在2016年末接连公布国家《能源发展"十三五"规划》和《能源生产和消费革命战略(2016—2030)》,描绘出我国未来十五年的能源发展蓝图。

近年来,世界能源体系发生重大变化,主要体现在四个方面:其一,在人类共同应对全球气候变化的大背景下,世界各国纷纷制订能源转型战略,提出更高的能效目标,制定更加积极的低碳政策,推动可再生能源发展,加大温室气体减排力度,能源清洁低碳发展已成为大势。其二,以页岩油气革命性突破为代表,世界能源供应结构发生变化,多极供应的新格局正在形成,供应能力不断增强。主要发达国家能源消费总量趋于稳定甚至下降,使全球能源供需矛盾得到缓解。其三,能源新技术与现代信息、材料和先进制造技术深度融合,太阳能、风能、新能源汽车技术不断成熟,大规模储能、氢燃料电池、第四代核电等技术有望突破,能源利用新模式、新业态、新产品日益丰富,世界能源技术创新进入活跃期。其四,世界能源走势面临诸多不确定因素。

今后十余年是我国现代化建设承上启下的关键阶段,我国经济总量将持续扩大,人民生活水平和质量将全面提高,能源保障生态文明建设、社会进步和谐、人民幸福安康的作用更加显著,我国能源发展将进入从总量扩张向提质增效转变的新阶段。为此,国家制订了三步走的能源发展战略。

第一步:到2020年,全面启动能源革命体系布局,推动化石能源清洁化,根本扭转能源消费粗放增长方式,实施政策导向与约束并重。能源消费总量控制在50亿吨标准煤以内,煤炭消费比重进一步降低,清洁能源成为能源增量主体,能源结构调整取得明显进展,非化石能源占比15%;单位国内生产总值二氧化碳排放比2015

年下降18%;能源开发利用效率大幅提高,主要工业产品能源效率达到或接近国际先进水平,单位国内生产总值能耗比2015年下降15%,主要能源生产领域的用水效率达到国际先进水平;电力和油气体制、能源价格形成机制、绿色财税金融政策等基础性制度体系基本形成;能源自给能力保持在80%以上,基本形成比较完善的能源安全保障体系,为如期全面建成小康社会提供能源保障。

第二步:2021—2030年,可再生能源、天然气和核能利用持续增长,高碳化石能源利用大幅减少。能源消费总量将控制在60亿吨标准煤以内,非化石能源占能源消费总量比重将达到20%,天然气占比将达到15%,新增能源需求主要依靠清洁能源满足;单位国内生产总值二氧化碳排放比2005年下降60%～65%,二氧化碳排放在2030年将达到峰值并争取尽早达峰;单位国内生产总值能耗(现价)将达到目前世界平均水平,主要工业产品能源效率达到国际领先水平;自主创新能力全面提升,能源科技水平位居世界前列;现代能源市场体制更加成熟完善;能源自给能力将保持在较高水平,更好地利用国际能源资源;初步构建现代能源体系。

第三步:展望2050年,能源消费总量将基本稳定,非化石能源占比将超过一半,将建成能源文明消费型社会;能效水平、能源科技、能源装备将达到世界先进水平;成为全球能源治理的重要参与者;将建成现代能源体系,保障实现现代化。

国家将从能源消费、能源供给、能源技术、能源体制、国际合作、保障能力等方面推进能源革命,并实施十三项重大战略行动,以推进重点领域率先突破,即全民节能行动、能源消费总量和强度控制行动、近零碳排放示范行动、电力需求侧管理行动、煤炭清洁利用行动、天然气推广利用行动、非化石能源跨越发展行动、农村新能源行动、能源互联网推广行动、能源关键核心技术及装备突破行动、能源供给侧结构性改革行动、能源标准完善和升级行动、"一带一路"能源合作行动。

第三节　能源法的调整对象及其作用

一、能源法及其渊源

（一）能源法的含义

肖乾刚教授认为能源法的概念有形式意义和实质意义之分[①]。形式意义的能源法指能源法律规范借以表现的各种形式；实质意义的能源法指调整能源合理开发、加工转换、储运、供应、贸易、利用及其规制，保证能源安全、有效、持续供给的能源法律规范的总称。汪劲教授认为能源法是在一系列不协调的法律和条约中得到发展[②]。通常情况下，人们普遍认为能源法仅仅是公共行政法的一个分支，促进和维护能源体系发展而无须考虑消除能源供应和消费过程中的负面环境影响。这里，能源法指调整能源开发、利用及管理活动中的社会关系的法律规范总和，包括能源基本法、节约能源法、石油法、煤炭法、电力法、原子能法、可再生能源法，以及有关具体能源行政法规、规章和地方法规，是调整能源领域中各种社会关系的法律规范的总称。能源法的调整以能源开发利用及其规制的法制化、高效化、合理化为出发点，以保证能源安全、高效和可持续供给为归宿。

（二）能源法的渊源

法律的渊源指按法律效力的不同划分为不同的法律表现形式。因此，能源法的渊源是能源法的表现形式。

1. 宪法。在我国法律体系中，宪法的法律地位和效力最高，是

---

① 肖乾刚,肖国兴.能源法[M].北京:法律出版社,1996.
② 汪劲,田忙社.环境法学[M].北京:中国环境科学出版社,2001.

一切法律的母法。任何法律都必须依据宪法制定，不得与宪法相冲突。宪法所规定的基本制度、基本原则，任何单位、个人都必须遵守。所以，宪法是能源法律的首要渊源。宪法中规定的"社会主义的公共财产神圣不可侵犯""禁止任何组织或者个人用任何手段侵占或者破坏国家和集体的财产"，是能源法的基本制度。

2. 法律。法律是由全国人民代表大会及其常务委员会（以下简称全国人大及其常委会）制定的。法律是依据宪法制定的。《中华人民共和国电力法》（以下简称《电力法》）、《中华人民共和国煤炭法》（以下简称《煤炭法》）、《节约能源法》，以及《中华人民共和国刑法》《中华人民共和国民法典》等众多与能源相关的法律，均是能源法的渊源，其法律效力次于宪法。

3. 行政法规。国务院依照宪法授予的职权和法定程序制定的行为规范称为行政法规。如有关能源方面的"条例""办法""规定"等，是能源法常见的渊源。

4. 地方性法规。地方性法规通常指省、自治区、直辖市的人民代表大会及其常务委员会（以下简称人大及其常委会）和经济特区、设区的市人大及其常委会制定和颁布的行为规范，通常为条例、办法等形式。

5. 政策。执政党的政策通过一定程序，以国家政策形式发挥调整社会关系、经济关系作用，以政策形式规定的许多内容尚不构成法律或行政法规。可以说，一定时期内，在国家法律体系未能全面形成的情况下，政策在实际工作中往往起到法的作用，有时甚至起到重要作用。因此，我国能源政策也是能源法律的一种渊源。随着能源法体系的完善，把政策作为能源法律渊源的情况会逐渐减少。

6. 规章或规范性文件。在我国，国家能源管理部门和地方人民政府制定颁布有关的行政规章或规范性文件。法律法规未规定的内容可由行政规章或规范性文件规定。国家法律、法规原则规定的内容靠行政规章或规范性文件细化规定。规章或规范性文件也是常见的能源法律渊源之一。

7. 国际条约或国际惯例。我国法律明确规定国际条约和国际惯例的法律效力。所以,有关我国同外国缔结的双边、多边条约及公约、协定等有关能源方面的规定,也是我国能源法律的重要渊源。有的虽然没有规定,但是但凡为大多数国家或地区承认和接受的与能源有关的做法都称为国际惯例,也是我国能源法律的一种渊源。

二、能源法的调整对象分析

厘清能源法的调整对象,有利于科学地界定能源法的概念。所谓法律的调整对象,我国法理学学者认为通常是人的行为或者社会关系,以下是具有代表性的观点。

1. 法律的调整对象是行为,而社会关系只是人与人之间的行为互动或交互行为,没有人们之间的交互行为,就没有社会关系。法律是通过影响人们的行为而实现对社会关系的调整。

2. 法律是调整一定社会关系,即人与人关系中的意志行为。调整这种意志行为,实际上是调整这种社会关系。

人与人之间的社会关系是因为人的意志行为才得以建立和存在的,行为和社会关系之间是现象和本质的关系,人的行为是表现出来的现象,其本质是社会关系,社会关系实质上也是人的行为的结果。通过影响人们的行为,法律实现对社会关系的调整。社会生活的复杂性、多样性带来社会关系的多样性,如财产关系、人身关系、劳动关系、行政关系等。范围广泛、领域复杂的社会关系,不可能都受同一法律规范的调整,因此,根据社会关系的性质和种类,不同的法律规范分别调整不同的社会关系。基于所调整的社会关系的不同,各个法律规范又组合成为各自相对独立的法律部门。

简而言之,能源法是国家有关能源领域的基本法律,在能源领域存在着错综复杂、千丝万缕的社会关系,这些关系存在于能源勘探开发、生产建设、经营管理、输送供应、利用消费等环节。能源法的调整对象应当是在这些环节中人与人的社会关系法律,通过影响人的行为调整作为人的行为结果的社会关系,使之趋向于能源法的目的。这种社会关系有两个特点:一方面,这种社会关系始终是以能源为中介,以能源活动中的权利义务为内容,是一种能源社会关系;另一方面,这种社会关系被限定在基于能源的开发、加工转换、储运、供应、贸易、利用等人类行为中形成的关系。能源法所调整的能源领域的广泛社会关系和行为,共同构成其特定的调整对象。能源法通过对这一社会关系的调整,以保证能源安全、有效、持续供给,从而实现能源法的目的。

三、能源法的地位与作用

能源法作为独立的法的分支而存在,是不以人的意志为转移的。

第一,能源问题的解决需要能源法。能源问题是一国经济和社会可持续发展的关键,是一国国家安全和社会秩序稳定的前提,能源问题的解决已成为国家的一项根本性战略任务。因而,国家将能源问题的解决上升到法律层面,安排能源法及其制度形成长期和稳定的行为机制,使能源问题的解决制度化、法制化,这是历史的必然。

第二,能源物质利益关系的完整性、系统性和过程性特点及其调整方法的特殊要求,决定必须有一个独立的法的部门对其进行完整、系统和全过程的调整,而这种调整并不是其他法的部门所能替代的,也不是自然资源法、环境法所能包含的。此外,能源法已为各国普遍采用,能源法对促进能源开发、利用及其规制的合理化、有序化以及能源问题的解决提供了制度空间。

第三,能源法及制度已同其他法律及其制度结合成有内在逻辑结构的法律和制度体系。纵观世界各国,特别是工业化国家,能源法及其制度已经成为这些国家法的体系的重要部分,离开能源法及其制度,这个国家法的体系是不完整的。

第四节 能源法律体系概述与立法宗旨

能源法律体系是一国能源法及其制度健全和完善的标志,也是一国法律建设的重要组成部分,对具体能源法律的实施具有全局性指导作用。明确能源法律体系的确立依据,对于建构和完善能源法律规范具有重要意义。

一、能源法律体系概述

能源法律体系指根据能源法的基本原则,由调整能源法律关系的一系列能源法律规范而形成相对完整的实施规则系统。能源法律体系的基本要素是能源法律规范。这些能源法律规范体现了能源法律的思想和精神,覆盖和贯穿能源开发利用及其规制的全过程和主要方面,因而构成能源开发利用及其规制最基本的行为准则。

(一)能源法律体系的主要特点

能源法律体系不是能源法律规范和制度的堆砌,而是一个有机组合,能源法律体系具有以下特点。

第一,由能源法律规范和法律制度构成,非能源法律规范和法律制度不能构成。调整矿产能源开发(含勘探、开采等)的能源法律规范和法律制度,往往是矿业法或矿产资源法的特别法或特别规范和制度,表明调整矿产能源开发的能源法律规范和制度具有能源法和自然资源法的两重性,既可以成为能源法律规范和制度,也可以成为矿业法特别的规范和制度。从这些规范的地位、性质和适用看,"两重性"并不影响其成为能源法律规范和制度的组成部分。

第二,能源法律体系是能源法律规范和法律制度构成的系统。能源法律体系不是能源法律规范和制度的堆砌,而是有机组成。

"完整",表明能源法律规范和制度覆盖面宽,贯穿能源开发利用的全过程;"统一",表明能源法律规范和制度的意志趋向都是为了保证能源安全、有效、持续供给;"协调",表明各种能源法律规范和制度无论出现早晚,在哪一部法律中的规定都是一致的,而不是冲突的;"有内在逻辑构成",表明能源法律规范和制度的地位、功能、效力、适用范围是不同的,是按一定逻辑规则进行排列的,每一项能源法律规范和制度都与整体有内在的联系。

(二)确立能源法律体系的必要性

1. 能源产业转型的迫切需要

法律在任何经济转型中都具有直接和深刻的影响作用,或者决定经济转型的方向,或者决定经济转型的速度。无论其对经济转型的作用是积极的促进,还是消极的阻碍,法律作为经济转型工具的优势在于,法律具有正当性、理性、权威性、制度化,一般不具有破坏性,并且拥有一套机制保障其实施。

与其他制度相比,通过法律进行经济转型作用更明显,原因在于基于法律之上的变迁更有针对性,也更具体。通过法律变迁是一种深思熟虑的理性活动,可有意识地改变具体行为或者惯例。本质上,通过法律变迁旨在矫正、改善或控制具体情境下的行为和实践。当然,法律与经济转型总是相伴而行,对社会变迁来说,法律既是因变量又是自变量,直接或间接地影响社会变迁,重新定义规范秩序,拓宽正式权利以及达成预定目标。正因为如此,通过法律转型进行经济转型,成为现代经济转型的基本特征。

以能源生产开放与非垄断化、能源市场透明化、自由化与国际化、能源工业民营化与政府监管规范化为主要内容的能源产业市场化转型,从20世纪70年代末起已经在世界方兴未艾。能源产业的发展与变化过程中产生的各种问题的解决,只依靠规章制度、政府监管并没有显著作用。法律在主客体之间的权利与义务、法律责任等方面具有明确规定,与其他制度相比,作用更为明显。

2. 能源法制度建构发展的迫切需要

能源法的制度设计以能源资源管理为轴心,并且都是在单行法里被规定,彼此之间没有位阶之分,各自有规范规定的能源领域,且法律出台的年代、原因、目标各不相同,甚至有不同的执法部门,彼此独立,因此不能形成制度合力。能源法制度的缺陷远比能源法本身的结构缺陷、体系缺陷要深刻。能源法立法不只是要形成一个高位阶的法律以及能源法律的制度结构,更为重要的是制度设计会与现行的体制与制度相冲突。因此,能源法制度的设计选择显得较为困难。

能源的开发利用涉及基本经济制度及多重社会关系,既需要包括能源战略、能源政策等组成的能源对策体系规范,也需要根本法和基本法及其他法律组成的法律体系规范。所以,能源法律体系的完善关系能源法基本法律制度的建构。

3. 现有产权结构亟待建构能源法律体系

能源领域,特别是石油、电力、核能等,是中国亟待实现从计划经济向市场经济转型的重要方面,我国社会主义市场经济体制已经初步建立,但仍需不断发展完善,而能源法律体系的建构能够从法律层面更好地为社会主义市场经济保驾护航。基于这样的呼唤,确立并完善能源法律体系,以法律的强制性改变现有的行政垄断加自然垄断的产权结构,加快建立"竞争性能源市场"具有极其重要的意义。

(三)能源法律体系的结构分析

1. 以能源法的调整对象为构建标准

能源法的调整对象是经济关系的特定部分,即能源物质利益关系。这种关系是基于能源开发、加工转换、储运、供应、贸易、利用及其规制而发生的,并以这些行为作为载体存在和表现。因此,以能源法的调整对象为标准,能源法律体系由能源矿业法、能源公共事业法、能源利用法、能源替代法等构成。

(1)能源矿业法。能源矿业法是用以规范矿产能源开发利用活动和方式。矿产能源构成人类社会的主要能源结构,因此,能源矿业法在能源法律体系中具有重要作用,包括煤炭法、石油法、核能法。

(2) 能源公共事业法。能源公共事业法是用以规范能源公共事业活动和方式。能源公共事业属于自然垄断性强、经济发展和人民生活所必需且具有公共性能的能源产业。能源公共事业法包括电力法、天然气供应法、热力供应法等。

(3) 能源利用法。能源利用法是用以规范能源利用活动和方式。能源利用法的功能在于使全社会能源使用合理化,提高能源利用效率,进而在能源开发强度基础上满足社会经济和人民生活需要,最终达到能源的持续供给。能源利用法的名称因各国法律文化不一而趋于多样化,如节约能源法、能源使用合理化法、能源管理法等。

(4) 能源替代法。能源替代法是用以规范替代能源开发利用活动和方式。能源替代用以谋求能源多样化,主要指替代石油、煤炭等常规化石燃料的能源。能源替代法包括太阳能法、生物质能法、风能法、地热能法、海洋能法等,或统称为可再生能源法。

2. 以能源法的效力等级为构建标准

以能源法的效力等级为构建标准,能源法律体系应当由四个层面的规范组成。

(1) 能源基本法。能源基本法是规范能源开发利用基本活动和方式的法律,由全国人大或全国人大常委会制定,并在能源法律体系构成中处于核心地位,用以统领、指导、协调能源领域不同行业专门法的法律规范。能源基本法规定能源发展的基本原则、基本制度、基本规范、基本方针、基本规则,能源法律体系中各专门法都应遵守基本法规定,并以之作为立法依据,各专门法的规定不能与之相矛盾、相冲突。

(2) 能源领域的专门法及专项法。这一层面包括煤炭法、电力法、石油天然气法、原子能法、可再生能源法、节约能源法,以及全国人大或全国人大常委会批准、加入的国际公约等。

(3) 能源行政法规/能源地方性法规。这一层面的规定主要是各专门法或专项法的实施规范,由国务院颁布施行或有立法权的地方人大颁布,以增强法律的可操作性。其内容应相对具体、详细,对各相关法中的重大决定、原则规定加以细化,对各相关法中规定不明确、表述不清楚或者只有原则而没有操作条款的内容作出相应规定,使其更明确、更清楚、更有操作性。另外,可根据客观情况变化、形势需要和法律原则,适时制定某些特殊事项的单行规定,以补充、充实法律,填补法律空白或遗漏。

(4)能源技术法规和能源管理行政规章。实践证明,大量可操作的、针对解决某方面问题的规定,都是以"政府规章"形式颁布,而大量的技术准则又是由技术法规规定的。其特点是具有较强的行政约束力,管理相对人必须遵守,但在司法运用中,依职权制定颁布的行政规章只是审判活动的参考依据。

二、能源法的立法宗旨

所谓宗旨,指"主要的意图和目的",能源法的宗旨,指能源法调整所要达到的目的。法律宗旨体现法律的价值取向,指导具体的法律规范制定,并通过反映此种价值彰显理性基础。

(一)大力保障能源安全

安全是主体对现有利益所存的能够持久、稳定、完整存在的心理期盼。安全是人类行为实现可预期的前提条件,能源法中安全的价值也是实现能源法其他价值的重要基础。

保障能源安全在一些国家能源立法中被明确为立法宗旨。例如,德国1998年发布的《能源法案》中,能源供应安全与廉价能源以及能源和环境的相容性被列为能源法的三大宗旨,根据第1节第16款规定,能源设施必须以一种确保它们技术上安全的方式构造和运行,在不对其他法律条款持有偏见时,必须遵守普遍接受的技术规则。这一规定突出能源使用中的技术安全问题。

能源安全的概念随着时代不断发展,在20世纪80年代之前,能源安全的概念主要强调以稳定原油供应和合理价格为中心的能源安全,这一内涵最早由国际能源机构(IEA)提出,强调能源供应的安全性,保证以可承受的价格获得充足能源,保障能源与电力的可靠和连续的供应。自 20 世纪 80 年代中期以来,随着全球一体化进程的推动,能源安全概念的内涵不断丰富和发展,国家能源安全问题已不仅是单纯的能源供应安全问题,生态环境保护、可持续发展等思想为能源安全问题注入了新的内涵。能源安全不仅包括能源供应的安全,也包括对由于能源生产与使用所造成的环境污染的治理,其内涵发展为能源供应安全和能源使用安全的有机统一。

中国并不是一个能源富裕的国家,石油、天然气人均储量都偏低。随着经济的不断增长,能源消费将进一步增加,提高对国际市场的依赖程度。大量依赖进口能源,不仅对经济造成影响,也威胁国家的能源安全。因此,能源安全是我国能源法最重要的宗旨,能源法律制度应以保障能源安全为宗旨进行具体制定与设立。在能源法中,建立能源战略储备、建立能源安全保障体系、建立能源应急制度和安全预警机制、制订国家能源开发的长期规划、强化能源开采过程中的安全生产措施、加强能源新技术的研究、加强能源领域的国际合作都是保障能源安全的重要途径。

(二) 提高节能与能源效率

世界能源委员会对能源效率的定义为"减少提供同等能源服务的能源投入"。节能与能源效率指节约利用、合理利用能源,提高能源的使用效率,以最小的能源成本获得最大的经济效率。节能指能源消费增长在物理上的减少,是通过节约和缩减应付能源危机,所以节能的方法之一是减少消费,还包括能源消费紧急状态下的定量配给。

自 20 世纪 90 年代后,各国颁布的所有节能立法都集中于促进能源效率的措施。2007 年我国新修订了《节约能源法》,进一步深化节能内涵。《节约能源法》对节能的定义是:加强用能管理,采取技术上可行、经济上合理以及环境和社会可以承受的措施,从能源生产到消费的各个环节,降低消耗、减少损失和污染物排放、制止浪费,有效、合理地利用能源。对节能的定义吸取提高能源效率的含义,体现节能概念的发展。

我国能源利用率低、耗能高,要解决能源的可持续发展问题,必须坚持开发与节约并举,坚持节约优先的方针,大力推进节能降耗,提高能源利用效率。因此,节能与提高能源效率也是能源法应当明确的重要立法宗旨。

(三)积极促进能源发展与环境保护的相容

能源既是经济发展必不可少的物质保障,又是主要的环境污染源。能源和环境之间存在相互影响、相互依赖的关系。能源的开发利用对生态环境必然会产生消极影响。环境保护不仅是制约能源发展的因素,又是影响能源决策的关键,也是能源创新的动力。

能源利用导致的主要环境问题包括酸雨污染、灰霾天气、荒漠化加剧、生物多样性减少、能源废料污染等。酸雨污染主要来自燃煤时排放的二氧化硫以及矿物燃烧中含氮物质,不仅对人体健康产生直接危害,也酸化水体,破坏土壤、植被和森林,腐蚀建筑材料和金属结构。

气候变化也与能源利用密切相关。人类使用化石能源所产生的温室气体,是全球气候变化的主要原因,解决气候变化问题需要能源法的变革与创新。目前,随着全球气候变暖逐渐加剧,能源生产与能源活动日益受到关注。气候变化对地球生态、农业、水资源以及人类生活环境都会产生广泛、深远和复杂的影响,其中大部分以负面影响为主,其影响是全球性的、多层次的,已构成对地球最基本的挑战之一。在这一背景下,环境保护问题成为能源法律制度建设中必须考量的关键因素,促进能源开发利用与生态环境保护的协调发展,是能源法的宗旨之一。

(四)积极促进能源科技创新

科技创新促进能源进步,是进行能源建设的重要动力,也是节能与提高能效的关键。能源安全、能源效率、能源清洁等诸多价值的实现,都需要依靠科技创新。通过制度安排促进能源科技创新是能源法的宗旨之一。

改革开放以来,中国能源科技水平有了显著提高,能源科技进步在促进节能减排、优化能源结构、保证能源安全方面发挥了重要作用。但与发达国家相比,中国能源科技水平仍存在差距,自主创新的基础比较薄弱,核心和关键技术落后于世界先进水平,一些关键技术和装备依赖于国外引进。中国将更加重视科技创新,加快建设和完善符合中国特点的产学研一体化的能源科技创新体系。

(五)以能源战略作为能源法律体系确定的方向

我国能源对策体系一般包括能源战略、能源政策和能源法律。能源战略也称能源发展战略,是一国为了实现总体经济和社会发展目标,对能源经济发展所规定的总方针、基本原则以及带有根本性的措施。能源战略是国民经济与社会发展战略的重要组成部分,是一国能源经济发展的根本规律和特殊性的总结。因此,能源战略是能源法确立的依据,能源法往往根据能源战略的需要进行调整。

能源战略、能源政策和能源法律之间是不能互相替代的。能源战略是一国解决能源问题的理论、原则和带有根本性的措施,但本身不是行为规范;能源政策是灵活性、策略性对策,只限于政府管制范围内;而能源法律则是长期稳定的制度性对策,既可以使能源战略规范化与制度化,变为国家和全社会的行动,也可以在法治实践中丰富发展能源战略,还可以超出行政规范对投资结构、企业产权制度与竞争制度进行安排。在确定我国能源法律体系的过程中,应当有一定的超前意识,或者说应当充分贯彻可持续发展理论,把创建环境友好型社会作为始终秉承的理念,尤其注重对能源环境问题的解决和预防。

第二章
我国能源法律体系化的现实基础

能源是增强国家综合国力的重要条件,是人类赖以生存和发展的物质基础,对经济繁荣、社会发展至关重要。完善的能源法律制度对推动能源产业的可持续发展和保护环境将起到巨大作用。本章围绕我国能源法律体系的构成要件、我国能源法律制度的具体内容展开论述。

第一节 我国能源法律体系的构成要件

自改革开放以来,经过40多年的建设,我国能源法律体系已经初步形成。目前,我国已经有《电力法》、《煤炭法》、《节约能源法》以及《可再生能源法》等四部单行能源法律,有《中华人民共和国矿产资源法》(以下简称《矿产资源法》)、《中华人民共和国水法》(以下简称《水法》)、《中华人民共和国环境保护法》(以下简称《环境保护法》)、《中华人民共和国清洁生产促进法》(以下简称《清洁生产促进法》)、《中华人民共和国循环经济促进法》(以下简称《循环经济促进法》)等多部相关法律,有多部国务院颁布的行政法规,多个已参与能源相关的国际条约,数百部部门规章,有近千部地方性法规、地方政府规章,能源法律体系的雏形已经初步构建,这使能源开发利用的各个领域、各个环节的行为有法律和行政法规可依,初步实现从政策治理向法律治理的转变。

一、现行能源法律

1.《电力法》。《电力法》是我国能源领域的第一部专门性法律,是中国能源法制发展史上的里程碑。该法于1996年4月1日开始实施,2018年12月29日第十三届全国人民代表大会常务委员会第七次会议对《中华人民共和国电力法》作出第三次修正。多年来,《电力法》对促进电力事业持续、健康发展,保障电网安全、稳定运行,保护电力投资者、经营者的合法权益起到积极作用,在一定程度上推动和促进电力体制的改革与发展[1]。

2.《煤炭法》。该法于1996年8月29日由第八届全国人民代表大会常务委员会第二十一次会议讨论通过,根据2009年8月27日第十一届全国人民代表大会常务委员会第十次会议《关于修改部分法律的决定》第一次修正;2011年4月22日第十一届全国人民代表大会常务委员会第二十次会议根据《全国人民代表大会常务委员会关于修改〈中华人民共和国煤炭法〉的决定》第二次修正;根据2013年6月29日第十二届全国人民代表大会常务委员会第三次会议《关于修改〈中华人民共和国文物保护法〉等十二部法律的决定》第三次修正;根据2016年11月7日第十二届全国人民代表大会常务委员会第二十四次会议《关于修改〈中华人民共和国对外贸易法〉等十二部法律的决定》第四次修正。该法对我国合理开发利用和保护煤炭资源,规范煤炭开发、生产、经营活动,促进和保障煤炭快速发展发挥了重要作用。

3.《节约能源法》。该法于1997年11月1日第八届全国人民代表大会常务委员会第二十八次会议通过,自1998年1月1日起施行,属于能源综合性专项法律,在推进全社会节约能源、提高能源利用效率和经济效益、保护环境、满足人民生活和社会经济发展方面起到推动作用。2007年10月28日第十届全国人民代表大会常务委员会第三十次会议修订通过,自2008年4月1日起施行。

---

[1] 莫神星.能源法学[M].北京:中国法制出版社,2019.

根据2016年7月2日第十二届全国人民代表大会常务委员会第二十一次会议通过的《全国人民代表大会常务委员会关于修改〈中华人民共和国节约能源法〉等六部法律的决定》修改。根据2018年10月26日第十三届全国人民代表大会常务委员会第六次会议《关于修改〈中华人民共和国野生动物保护法〉等十五部法律的决定》修正。

4.《可再生能源法》。该法于2005年2月28日经第十届全国人大常委会第十四次会议通过，2016年7月2日第十二届全国人民代表大会常务委员会第二十一次会议通过的《全国人民代表大会常务委员会关于修改〈中华人民共和国节约能源法〉等六部法律的决定》修改。2018年10月26日第十三届全国人民代表大会常务委员会第六次会议《全国人民代表大会常务委员会关于修改〈中华人民共和国野生动物保护法〉等十五部法律的决定》第二次修正。该法对改善我国能源结构，鼓励开发、利用可再生能源，保障能源持续、稳定供应，防止快速增长的化石能源利用带来的环境污染、温室气体排放和生态破坏等起到重要作用。

二、现行能源行政法规

1.《乡镇煤矿管理条例》。该条例于1994年12月20日以国务院第169号令颁布，根据2013年7月18日《国务院关于废止和修改部分行政法规的决定》修订，主要规定煤炭资源规划的法律地位、开办乡镇煤矿必须具备的条件、乡镇煤矿安全生产的要求及管理等。该条例对加强乡镇煤矿的行业管理、促进乡镇煤矿的健康发展起到促进作用。

2.《电力供应与使用条例》。该条例以1996年4月17日国务院令第196号发布，根据2016年2月6日《国务院关于修改部分行政法规的决定》第一次修订，根据2019年3月2日《国务院关于修改部分行政法规的决定》第二次修订，主要规定电力供应与使用主体的权利义务。该条例对加强电力的供应与使用管理，保障供电、用电双方的合法权益，维护供、用电秩序，安全、经济、合理地供电和用电起到积极而重要的作用。

3.《电网调度管理条例》。该条例于1993年2月19日以国务院第115号令颁布,自1993年11月1日起施行。2011年1月8日,《国务院关于废止和修改部分行政法规的决定》(中华人民共和国国务院令 第588号)对该条例予以修正。主要规定电网调度系统及组织结构、调度计划、调度规则、调度指令、并网与调度等内容。该条例对加强电网调度管理、保障电网安全、保护用户利益、使电力调度适应经济建设和人民生活用电需要等起到重要作用。

4.《电力设施保护条例》。该条例由国务院于1987年9月15日颁布,后经1998年1月7日修订,以国务院第239号令重新颁布。根据1998年1月7日《国务院关于修改〈电力设施保护条例〉的决定》第一次修订,根据2011年1月8日《国务院关于废止和修改部分行政法规的决定》第二次修订。主要规定电力设施的保护范围和保护区、电力设施保护措施、电力设施与其他设施互相妨碍的处理,以及相关奖惩等内容。该条例对保障电力生产和建设的顺利进行、维护社会公共安全起到极为重要的作用。

5.《电力监管条例》。该条例于2005年2月15日以国务院第432号令颁布,主要规定电力监管机构的设置、监管的职责、监管措施等内容。该条例在电力体制改革深化中制定,对改革后的电力产业新特点、加强电力监管、规范电力监管行为、完善电力监管制度等起到一定作用。

6.《中华人民共和国对外合作开采陆上石油资源条例》。该条例于1993年10月7日以国务院第131号令颁布,根据2001年9月23日《国务院关于修改〈中华人民共和国对外合作开采陆上石油资源条例〉的决定》第一次修订;根据2007年9月18日《国务院关于修改〈中华人民共和国对外合作开采陆上石油资源条例〉的决定》第二次修订;根据2011年9月30日《国务院关于修改〈中华人民共和国对外合作开采陆上石油资源条例〉的决定》第三次修订;根据2013年7月18日《国务院关于废止和修改部分行政法规的决定》第四次修订。主要规定在中国境内中外合作开采石油的合作合同主体的权利和义务、石油作业规则、争议解决方式等内容。该条例对促进国际能源经济合作和技术交流起到规范作用。

7.《中华人民共和国海洋石油勘探开发环境保护管理条例》。该条例于1983年12月29日以国务院第42号令颁布,主要规定海洋石油勘探开发有关海洋环境影响评估报告内容、海洋固定式和移动式作业平台防污要求、其他废弃物管理的要求、含油污水排放标准及其他权利义务等内容。该条例对保护海洋环境、防止海洋石油勘探开发对海洋环境的污染损害起到法律保障作用。

8.《中华人民共和国对外合作开采海洋石油资源条例》。该条例于1982年1月30日以国务院第318号令颁布,2011年9月21日国务院第173次常务会议通过《国务院关于修改〈中华人民共和国对外合作开采海洋石油资源条例〉的决定》,主要规定石油开采合作各方的权利和义务、石油开采作业基本准则等内容。该条例对扩大国际经济技术合作、在维护国家主权和经济利益的前提下与国外合作开采中华人民共和国海洋石油资源起到推动作用。

除上述行政法规之外,还有国务院颁布的政策和规范性文件。

三、能源技术法规

能源技术法规根据标准化法的规定,依然具有法律法规的强制作用,包括技术标准、技术规范。在我国,能源技术法规根据实施的范围有国家标准、行业标准、企业标准等。能源技术法规按法律效力的大小有强制性标准,也有推荐性标准。能源技术法规的种类、数量都十分健全,在能源开发、生产输送、供应使用、管理、保护中起到极为重要的作用。可以说,能源技术法规是能源法律体系中不可缺少的一种特殊组成部分。由于其数量过多、种类过细,现行规范不易一一列举。可以说,能源技术法规比管理法规健全和完善得多,随着科学技术进步须与时俱进,应适时进行修订。

四、国际能源条约和国内法律解释

国际能源条约指经我国政府或全国人大及其常委会批准加入

的国际能源条约、公约、议定书和协议等。我国参加的国际能源条约不但与国内法律具有同等的法律效力,也应成为我国能源法律体系的重要组成部分。另外,当我国能源法律实施过程中遇到新情况、新问题时,对于如何适用法律问题,往往通过法律解释的方式予以规范。在实践中,司法解释在法律解释中占的比重较多,也更具有司法实践的指导作用,其有关解释应纳入能源法律体系范畴。如《最高人民法院关于审理触电人身损害赔偿案件若干问题的解释》《最高人民法院关于审理破坏电力设备刑事案件具体应用法律若干问题的解释》等。

五、地方性能源法规

地方性能源法规指省、自治区、直辖市及设区的市、自治州的人大及其常委会制定和颁布的有关能源方面的规定、办法、条例等行为规范。目前,在国家立法任务重、需制定出台国家级法律法规项目多的情况下,许多省、自治区、直辖市等的人大根据当地能源经济发展需要,制定出台地方性法规,这是能源法律体系不可忽视的组成部分。所以,国家能源行政主管机关也应积极推动,参与地方能源立法,保持能源体系的法制统一性,防止相互矛盾、冲突。

此外,行政规章和规范性文件也是能源法律体系的重要组成部分,其数量巨大、内容庞杂、时限性较强,应当适时废、改、立。

第二节 我国能源法律制度的具体内容

一、能源法律制度的特征与类型

(一)能源法律制度的特征表现

能源法律制度指为了实现能源法的目的和任务,根据能源法的基本原理和基本原则所制定的,调整特定能源社会关系的一系列法律规范的总称,是能源制度的法律化和规范化,是能源法律规范的一个特殊组成部分[①],既不同于能源法的基本原则,也不同于一般的能源法律规范,而是具有自身特征的一类能源法律规范,主要具有以下特征。

其一,能源法律制度具有特定性。能源法律制度不像能源法在原则上具有适用的广泛性,而是只调整在能源开发、利用、保护和改善过程中发生的某一特定部分或方面的社会关系。因此,其适用的对象、范围、程度以及所采取的措施、法律后果都是特定的,在一定程度上避免了适用法律的随意性。

其二,能源法律制度具有系统性和相对完整性。能源法律制度通常不是由某一个法律条文或某一个法律规范所组成,而是由一系列法律规范所组成。这些规范之间相互关联、相互补充、相互配合,共同构成一个相对完整的系统。如果把整个能源体系作为一个大系统,每一个能源法律制度都可以构成一个小的子系统。这一点是区别于能源法律制度与能源法律原则和措施的主要标志。正因为能源法律制度有系统性的特征,所以能源法律制度的健全与完善,对于促进能源法律规范的系统化、条理化以及能源法律体系的完善具有重要意义。同时,能源法律制度的健全和完善也可以为规范化的能源管理提供法律保证。

其三,能源法律制度具有较强的可操作性。由于能源法律制度具有特定的适用对象和具体而完整的规则系统,因而具有较强的可操作性,容易得到有效的贯彻实施。

其四,能源法律制度具有较强的约束性。能源法律制度对能源法律关系主体的权利义务和法律后果规定得十分明确,具有较强的约束性。

(二)能源法律制度的类别划分

能源法律制度是由多项制度组成的制度体系,每一种制度的

---

① 李响,陈熹,彭亮.能源法学[M].太原:山西经济出版社,2016.

对象、功能、性质和适用阶段也不同。因此，可从不同角度对能源法律制度进行如下分类。

依照制度保护对象不同，可分为能源战略与规划制度、能源管理主体制度、市场开放与监管制度、能源资源开发与建设制度、能源供应与服务制度、能源利用与节约制度、能源储备与应急制度、农村能源制度、能源环境保护制度、能源技术进步与科技创新制度、对外能源合作制度、法律责任制度十二项制度。

依照制度的功能不同，可分为预防性制度、基础性制度、治理性制度等。预防性制度主要包括规划制度、行政许可制度、合理用能评价制度、能源"三同时"制度等；基础性制度主要包括监测制度、标准制度、能源消费统计和能源利用状况分析制度等；治理性制度主要包括限期治理制度、高耗能产品及设备淘汰制度等。

依照制度的性质不同，可分为政府管制制度、市场调节制度、社会调整制度等。政府管制制度依据管制手段性质、适用条件、功效的不同，又分为强制性制度、经济激励制度、非强制性制度三类。政府管制制度主要包括：能源管理体制制度、能源规划制度、能源标准与限额管理制度、高耗能产品及设备淘汰制度、能源消费统计和能源利用状况分析制度。市场调节制度主要包括能源价格制度、合同能源管理制度、能源配额交易制度等。社会调整制度主要包括公众参与制度等。

依照制度的适用阶段不同，可分为行为前适用制度、行为过程中适用制度、行为后适用制度、行为全过程适用制度等。行为前适用制度主要包括能源规划制度、合理用能评价制度、能源"三同时"制度等；行为过程中适用制度主要包括能源监测制度等；行为后适用制度主要包括限期治理制度等；行为全过程适用制度主要包括清洁生产制度等。

二、能源综合管理制度

能源综合管理是从能源生产到能源消费的全过程进行决策、计划、组织、指挥、监督和调节的全部活动。

第二章 我国能源法律体系化的现实基础

能源安全问题是一个系统工程,能源管理也是一个系统工程,既要关注国际影响,更应重视内部建设及深化管理体制改革,因此急需建立能源综合管理制度。

(一)能源综合管理的相关法律规定

《能源法》(征求意见稿)规定"能源管理体系":国务院能源主管部门统一管理全国能源工作,国务院其他有关部门在各自职责范围内负责相关能源管理工作。县级以上地方人民政府能源主管部门负责本行政区域内的能源管理工作,同级人民政府其他有关部门在各自职责范围内负责相关能源管理工作。"能源管理部门":国务院能源主管部门应当依法组织实施国家能源战略,制定和实施能源规划、能源政策,对全国能源各行业进行管理,统筹负责能源领域的发展与改革工作。国务院能源主管部门具体职责由国务院规定。县级以上地方人民政府能源主管部门负责管理本行政区域内能源开发利用和能源节约活动。地方能源主管部门的设置和具体职责由地方人民政府规定。

《可再生能源法》第 5 条规定,国务院能源主管部门对全国可再生能源的开发利用实施统一管理。国务院有关部门在各自职责范围内负责有关的可再生能源开发利用管理工作。县级以上地方人民政府管理能源工作的部门负责本行政区域内可再生能源开发利用的管理工作。县级以上地方人民政府有关部门在各自职责范围内负责有关可再生能源开发利用的管理工作。

节能工作是一项涉及全社会的系统工程,要使节能工作取得成效,国务院和县级以上地方各级人民政府必须加强对节能工作的领导。《节约能源法》第二章节能管理第 11 条规定,国务院和县级以上地方各级人民政府应当加强对节能工作的领导,部署、协调、监督、检查、推动节能工作:①部署指主要领导挂帅,按照合理利用能源的需要组织制订规划、计划、目标、技术经济政策措施等,层层落实节能工作。②协调指建立有效和权威的沟通指挥系统,保障节能工作各个方面、各个环节同步、有序推进,提高节能工作效率。③监督指依照法律、法规的规定,对负有责任的各级主要领导贯彻落实节能法律、法规和节能政策、方针、措施的情况实施监督。④检查指对一定时期的规划、计划落实情况和节能目标完成情况进行考核分析,总结经验,找出薄弱环节。⑤对节能制度不健全、节能措施不落实、导致能源浪费损失的,依法予以惩罚;对节能工作做出突出贡献的,依法予以奖励,以推动节能工作不断深入。

(二)我国能源管理体制的发展演变

中华人民共和国成立初期,我国统一的能源管理部门——燃料工业部成立,之后为顺应国内能源需求形势,该部门被分拆。到1980年,第一次改革旨在综合管理的国家能源委员会成立,后因国家能源委和国家计划委员会职能交叉,投资权、定价权真正属于国家计委等,两年之后,国家能源委被撤销。

第二次改革是1988年组建能源部,同时撤销煤炭工业部、石油工业部、核工业部,成立正部级的中国统配煤炭总公司、中国石油天然气总公司和中国核工业总公司。1993年,国家能源部因在级别上与几大国有能源企业平级,而能源项目的审批权在国家计委等被撤销。同时,电力工业部和煤炭工业部再次被组建。第三次是1998年撤销煤炭工业部和电力工业部。第四次是2008年正式组建国家能源局。

在2008年初国务院机构改革时,已明确提出要成立高层次的能源协调议事机构,即国家能源委员会。2010年国家能源委员会成立,成为中国最高级别的能源机构。国家能源委员会的主要职责是负责研究拟订国家能源发展战略,审议能源安全和能源发展中的重大问题。国家能源委员会的成立涉及的部委以及能源企业,包括国家发改委、国务院国资委、财政部、科技部、生态环境部、国家安全生产监督管理总局、国家电力监督管理委员会以及中石化、中石油、国家电网、神华集团、中海油等大型能源企业。成立国家能源委员会有利于国家能源局进一步发挥在全国能源行业中的

第二章　我国能源法律体系化的现实基础

管理职责。由国家能源委员会、能源部这些一度消失又被重提的部门可以看出,我国能源管理体制变革的纷繁复杂性。

(三)能源综合管理的强化对策

第一,正确处理政策部门与监管部门的关系,推进政监分离。综合性的决策部门,根据一定时期国家能源目标制定政策,实施统一管理。由专业的监管部门实施专业化监管,保证政策的有效实施。地方层面也需要设立新的综合性能源管理机构,由其制定和执行在国家政策统领下的地方政策,以体现因地制宜的原则,保证国家战略和政策的贯彻执行。

综合性的管理机构与专业性的管制机构之间的关系:前者主要制定国家节能目标、规划、计划和政策,统筹协调跨部门的关系;后者主要执行国家规划和政策,实行专业性的独立管制。专业性的管制机构采取中央、地方垂直设置的方式。

第二,加快建设组织上独立、运行上专业、责任主体明确的监管机构。按照现代监管体系的原则和理念,完善监管体系,改组和改进能源监管机构。

第三,科学界定监管权力的横向分配和纵向划分。要从提高效率的角度,在不同的监管部门和监管机构之间合理分配和划分监管权力。

第四,加强不同监管机构之间的分工协调。注意能源领域上下游监管的协调,如天然气监管和电力监管要协调。特别要加强电力、天然气产业的经济性监管同健康、安全、环境保护等社会性监管的协调。积极探索健康、安全、环境保护等社会性监管指标的经济化,实现外部影响内部化,提高监管效率。

第五,加强监管机构的组织能力建设。建立明确的激励、约束机制,透明、严格的工作程序,相应的信息支持系统,以及同公众有效沟通的渠道,提高监管部门的员工素质和组织能力。特别要改进价格监管的方式、手段和技术,通过激励性监管方式改进监管绩效。

第六,建立与市场化改革相适应的政府管理制度。例如,改革建立在项目审批基础上的准入管制制度,进行较大力度的投资管理体制改革,改革的目标是"放松经济性管制,加强社会性管制",以此推动管制革命和功能转型。

"放松经济性管制"是改革现行的投资管理体制的核心内容和主攻方向,其内涵为放松准入管制,还企业投资经营的自主决策权,建立起谁投资、谁受益、谁承担风险的投资管理体制,不再以项目的财务评价作为政府审批决策的主要依据,取消现行项目审批制的绝大部分内容,将经济性管制内容限定在判断项目建成会否产生市场垄断的问题上。所谓"加强社会性管制",是依据国家能源中长期发展的战略和目标,对资源的持续利用、环境保护、能源安全等社会性目标进行管制,建立能够科学反映上述社会性目标和便捷操作的评价制度,并以此为依据设立最低的准入门槛,建立以社会性管制为核心内容的项目核准制。通过上述管制制度的功能转型,建立起通过放松经济性管制,充分调动国有、民间、外资各类投资者积极性的激励机制;通过加强社会性管制,实现能源有序高效利用、环境污染有效控制等社会目标。

总之,完善国家能源管理体制和决策机制,加强部门、地方及相互间的统筹协调,强化国家能源发展的总体规划和宏观调控,应注重政策引导,重视信息服务、理顺关系、优化结构、提高效能,形成适当集中、分工合理、决策科学、执行顺畅、监管有力的管理体制。

三、能源规划法律制度

能源规划指根据国家或地区的能量资源状况和社会经济发展需要,对一定时期和一定范围能量资源的开发、利用、节约、保护和管理工作所做的总体安排,包括目标、重点、步骤和措施,对能源工作和能源发展具有重要的导向作用。

能源规划按内容可以分为能源综合规划、专项规划和行业规划;按规划范围可以划分为全国能源战略规划、流域能源规划和行

第二章 我国能源法律体系化的现实基础

政区域能源规划；按规划期可以划分为能源开发利用长期、中期和短期规划。国家能源规划包括国家能源综合规划和国家能源专项规划。国家能源规划应当规定规划期内能源发展的指导思想、基本原则、发展目标和指导方针、阶段性任务、产业布局、重点项目、政策措施及其他重要事项。

能源规划制度是有关调整能源规划活动的各种法律规范的有机统一体系，是通过立法确立有关能源规划编制、实施和管理的一套规则，是能源规划工作的制度化和法定化。因此，保障能源安全，节能减排，必须规划先行，以规划科学引导发展。

（一）我国能源规划概况

我国能源资源开发利用已步入科学规划时代。2016年是中国能源行业"十三五"规划密集发布年。在国家能源局相继发布《能源技术创新"十三五"规划》《煤炭工业发展"十三五"规划》《可再生能源发展"十三五"规划》《太阳能发展"十三五"规划》《页岩气发展规划（2011—2015年）》《煤层气（煤矿瓦斯）开发利用"十三五"规划》等和水电、风电、太阳能、生物质能四个专题规划以及《天然气发展"十三五"规划》等一系列规划之后，2016年12月26日，国务院常务会讨论通过了广受关注的《能源发展"十三五"规划》和《核电安全规划（2011—2020年）》《核电中长期发展规划（2011—2020年）》。其中，两个核电规划因正式宣告重启而备受瞩目。

为了加快建立清洁低碳、安全高效的现代能源体系，促进能源产业持续健康发展，2016年12月26日，国家发展改革委、国家能源局发布的《能源发展"十三五"规划》，主要阐明我国能源发展的指导思想、基本原则、发展目标、重点任务和政策措施，是"十三五"时期我国能源发展的总体蓝图和行动纲领。2016年相继推出中国能源行业规划，《石油发展"十三五"规划》《天然气发展"十三五"规划》《可再生能源发展"十三五"规划》等，为"十三五"乃至未来更长时期我国能源业发展指明路径和方向。

（二）能源规划制度的内容解析

1. 国家能源开发利用长期、中期与短期规划

（1）国家能源开发利用长期规划。长期能源规划是能源发展在较长时期内的战略性、纲领性的筹划。国家、部门、地区或企业所做的较长期的能源发展规划，是根据国家在一定历史时期内经济和社会发展趋势而制订的，是具有战略意义的能源规划。它提出能源发展的总体轮廓和基本方向，概要地确定重要的项目和指标，以确立国家、部门、地区或企业能源发展的奋斗目标。由于长期能源规划的时间较长，规划期内的不确定因素较多，所以规划职能是纲领性的，并以综合指标和重大项目为主。长期能源规划与中、短期能源规划相互依存，是编制中期能源规划和短期能源规划的依据，中、短期能源规划是长期规划的具体化，是实现长期能源规划的保证。一般指10年至20年的能源规划。

（2）国家能源开发利用中期规划。中期能源规划是短期和长期之间的综合性能源规划，是联结长期能源规划和短期能源规划的中间环节，由国家、部门、地区或企业根据长期能源规划规定的能源发展方向和战略目标制定。中期能源规划是实行能源管理的基本形式，不仅要规定规划期的总目标，而且要规定各年度的指针和进度，是联结长期能源规划和短期能源规划的纽带，它将能源长期规划具体化，进而指导短期能源规划。一般指10年到15年内的能源规划。

（3）国家能源开发利用短期规划（5年规划）。短期能源规划是短期综合性的能源规划，一般指年度能源规划，是根据中期能源规划要求、上年度计划的实际执行情况和规划期内的因素分析，在综合平衡基础上制订的。短期能源规划是中长期能源规划的具体行动计划，既可以保障中长期能源规划的顺利实施，又可以对其进行必要的调整和补充。

2. 能源战略规划、能源综合规划与能源专项规划

（1）能源战略规划

能源发展战略是对能源总体发展的谋划和设计。能源发展战

略具有长期性、根本性、综合性的特点,包括条件、依据、指导思想、目的和目标、重点和步骤、政策和措施。能源发展战略有国家的、地区的,不同时期有不同的战略。能源发展战略是为经济发展战略服务,对能源发展和经济发展具有重要作用。例如,2020年12月21日,国务院发布《新时代的中国能源发展》白皮书,系统介绍了党的十八大以来中国推进能源革命的历史性成就,全面阐述了新时代新阶段中国能源安全发展战略的主要政策和重大举措,旨在让国内外社会全面了解中国能源政策和发展状况。

（2）能源综合规划

国家综合性能源规划是国家对能源发展进行整体性的长远的筹划,预测各方面、各部门、各环节对能源发展的需要与需求,如2013年1月1日国务院下发的《能源发展"十二五"规划》,主要阐明我国能源发展的指导思想、基本原则、发展目标、重点任务和政策措施,是"十二五"时期我国能源发展的总体蓝图和行动纲领。《能源发展"十二五"规划》提出,"十二五"时期,要加快能源生产和利用方式变革,强化节能优先战略,全面提高能源开发转化和利用效率,合理控制能源消费总量,构建安全、稳定、经济、清洁的现代能源产业体系。重点任务是:①加强国内资源勘探开发。安全高效开发煤炭和常规油气资源,加强页岩气和煤层气勘探开发,积极有序发展水电和风能、太阳能等可再生能源。②推动能源的高效清洁转化。高效清洁发展煤电,推进煤炭洗选和深加工,集约化发展炼油加工产业,有序发展天然气发电。③推动能源供应方式变革。大力发展分布式能源,推进智能电网建设,加强新能源汽车供能设施建设。④加快能源储运设施建设,提升储备应急保障能力。⑤实施能源民生工程,推进城乡能源基本公共服务均等化。⑥合理控制能源消费总量。全面推进节能提效,加强用能管理。⑦推进电力、煤炭、石油天然气等重点领域改革,理顺能源价格形成机制,鼓励民间资本进入能源领域。⑧推动技术进步,提高科技装备水平。⑨深化国际合作,维护能源安全。

国家综合型能源规划必须考虑的因素:有比较丰富的能源系

列,有提高区内能源供需平衡的能力,有利于妥善安排区内能源的运出和输入;有强大的经济与能源大消费区;有能适应能源运送的运输网,以保证能源的合理组合和相互补充,同时保证能源供需与产销通畅,从而使每一个大综合能源区有较为密切的能源供应联系,并通过规划得到加强与完善,保证能源建设有秩序地同国民经济协调一致地发展,保证各种能源在数量上、构成上同社会发展的需要相适应。由国家根据大范围内资源、地域组合的完整性,国民经济发展和人民生活水平提高对能源供需平衡的要求而规划的能源综合开发与合理产销区。要建立一套适应中国国情和社会主义市场经济体制要求的能源、环境、经济综合规划方法,并推广应用到各级能源管理部门。

(3) 国家能源专项规划

国家能源专项规划包括煤炭、石油、天然气、煤层气、电力、核能、新能源和可再生能源等行业发展规划以及能源节约、能源替代、能源储备、能源科技、农村能源等专题规划。节能专项规划是我国能源中长期发展规划的重要组成部分,也是我国中长期节能工作的指导性方向和节能项目建设的依据。

①制订化石能源可持续开采规划。化石能源具有不可再生性,属于一次性能源,所以化石能源的持续开采显得尤为重要。研究和发展开采技术,提高资源的回收率,制订长期开采规划,避免超强度开采和布局上的不合理性,确保能源资源的远景接替,要充分考虑经济、环境和资源的合理配置,避免盲目低效开采以及资源结构和布局上的不合理性。

②制订可再生能源发展规划。《可再生能源发展"十二五"规划》包括水能、风能、太阳能、生物质能、地热能和海洋能,阐述2011—2015年我国可再生能源发展的指导思想、基本原则、发展目标、重点任务、产业布局及保障措施和实施机制,是"十二五"时期我国可再生能源发展的重要依据。国家又相继发布了《太阳能发展"十二五"规划》等。

③制订核电发展专题规划。国务院正式批准发改委上报的《国

家核电发展专题规划(2005—2020年)》。此外,核燃料配套资金需求量较大,包括天然铀资源勘探与储备、乏燃料后处理等。资金筹措原则上按企业自筹资本金、银行提供商业贷款方式运作。

(4)城市能源专项规划

城市能源专项规划是以城市为对象进行能源发展的长远筹划,包括城市发展所需的各种能源供应,如城市煤气厂,热电厂,集中锅炉供热、供气的工厂等建设,在布局、用地用水、储灰、出资等方面进行合理规划。城市能源规划必须纳入城市总体规划,并按照城市总体规划要求,结合能源建设的特点进行,还必须根据所在地区的区域规划要求进行安排。城市能源规划要对各种可能的方案进行技术经济比较,因此,城市能源规划除了布局上的问题外,还要考虑技术经济问题。对此,应尽快制订行业规划和专业规划,以解决我国工业生产能耗过高的问题。

(三)健全能源规划制度的注意事项

第一,能源规划应与相关规划相协调。能源规划是一个非常困难、非常复杂的项目。国家能源规划根据国民经济和社会发展规划、国家能源战略编制,并与土地利用、水资源、矿产资源、环境保护等相关规划相互协调。城市规划、工业布局、能源规划是一项全局性、综合性、战略性很强的工作[1]。战略和规划必须要建立在非常实际的预测之上,一个规划是否合理,关键是判断其是否符合城市的发展规律,对城市建设是否有促进作用。做深做实能源专项规划,并与城市规划、土地利用规划、环境保护规划和粮食、交通等专项规划相衔接和协调。

第二,要加强能源规划的法律地位和法律效力。能源政策和能源法律法规应该明确规定能源规划的法律地位和法律效力、规划的主要内容和编制程序、规划审批机关和审批程序、不同类型的

---

[1] 肖国兴.论能源法律制度结构的形成与形态[J].郑州大学学报(哲学社会科学版),2008,41(06):36-40.

能源规划的协调、违反能源规划的法律责任等内容。加强制订能源、环境、经济综合发展规划的组织机构建设,进行综合能源规划和管理的能力建设,协调国家和地区之间的综合发展方案。

第三,各类能源规划的衔接。国家能源综合规划应当统筹兼顾各行业、各地区的发展需要。国家能源专项规划应当符合国家能源综合规划。

第四,健全能源规划的科学化、民主化。能源规划是一项复杂庞大的系统工程,在国家和城市发展中承担着重要作用,要听取各方面意见,权衡各部门和各个方面的利益。因此,能源规划必须集思广益,实现能源规划的科学化、民主化。

第五,充分发挥规划调控作用。建立和完善能源规划调整与公开发布制度。滚动修订各类能源规划,公开发布实施,规范政府监管和企业行为,接受社会公众监督。地方和部门组织制订的相关规划,必须与国家能源发展规划衔接一致,严格建设项目核准和备案制度。对不符合国家能源规划要求的建设项目,国土、环保等部门不予办理相关审核、许可手续,金融机构不予贷款。进一步完善项目核准备案制度,形成更加科学、规范、透明的管理办法。

第六,推进国家规划改革,完善国家规划体系。要推进国家规划改革,完善国家规划体系,使国家的发展规划和地方的发展规划相衔接。深化投资体制改革,减少审批,需保留审批的必要规范和简化程序。按照科学发展、节约资源和保护环境要求,健全和严格市场准入制度。发挥国家发展规划,如五年规划、年度计划和产业政策在宏观调控中的导向作用和协调作用,并综合运用财政、货币政策,不断提高宏观调控水平,为国民经济的运行提供稳定环境。

第七,国家加强对能源规划的监督与落实。国务院有关部门及地方各级人民政府应当执行国家能源规划,对不符合国家能源规划的能源项目不得办理相关批准手续。国务院和省级人民政府建立能源规划监督制度,对国家能源规划的执行情况进行监督检查。如果规划不具有法律效应,还要解决能源战略和规划的法律地位及其法律作用的问题。

四、能源应急制度

按照《中华人民共和国突发事件应对法》《国家突发公共事件总体应急预案》等法律法规要求,要建立能源安全应急体系的法律制度,加强能源安全应急事态、突发事故防范体系建设,强化事故预防控制,在重点落实杜绝重特大事故责任的同时,进一步强化一般事故控制,建立事故隐患治理机制,消除发生事故的源头,逐步建立和完善石油战略储备制度和预警体系。《能源法(征求意见稿)》第六章"能源安全"第七十七条"能源应急"作出如下规定。

国家加强能源行业应急能力建设,健全完善能源应急协调联动机制,建立能源应急制度,应对能源供应严重短缺、供应中断以及其他能源突发事件,维护基本能源供应和消费秩序,保障经济平稳运行。

各级人民政府应当采取有效措施,加强能源应急相关设施和管理体系的建设,提高应急能力,有效应对能源突发事件。

从事能源开发生产、加工转换和供应的企业以及重点用能单位应当加强应急储备,健全应急体系,完善应急预案,强化应急响应,加强应急能力建设。

五、能源技术进步与科技创新法律制度

(一)能源技术进步与科技创新法律制度推行的意义

能源工业是国民经济的基础产业,也是技术密集型产业。我国能源工业大而不强,与发达国家相比,在能源安全、高效与清洁开发利用等技术领域存在差距。"安全、高效、低碳"集中体现出现代能源技术的特点,也是抢占未来能源技术制高点的主要方向。

科学、绿色、低碳能源战略需要强有力的科技支撑。科技对能源的支撑涉及三个层次:第一是基础性研究,包括新材料、新工艺、

新概念等创新,如新型太阳能电池、太阳能热发电新概念和技术、纤维素乙醇中酶的研究、微藻液体燃料研究、裂变聚变混合堆新概念等。第二是新技术的创新,解决发展的技术"瓶颈"。例如,煤炭的安全洁净开采技术、煤气化多联产技术、间歇性能源并网和分布式利用技术、核燃料后处理和核废料处置、碳捕捉利用和储存技术、电动车技术、海洋能和地热能利用技术、光伏与光热发电技术、海上风电技术、能源作物种植技术、煤炭洗选技术推广、新脱硫技术、多种蓄能技术等。第三是对重大工程项目和战略性产业的支持。例如,节能技术与工程,快中子实验堆工程,核电建设与配套工程,百(千)万屋顶太阳能工程,风、光、储、输、用示范工程,智能电网工程,水电工程,天然气(含非常规气)开发工程,石油储备工程,能源资源的勘探等。

新能源关键技术的突破很可能成为新的产业革命引擎,不亚于之前引领世界经济大步跨越的信息技术革命,对全球生产和生活方式将带来深刻变革。在未来的能源格局中,油气、煤炭等常规能源可能不再是群雄逐鹿的焦点,谁掌握了先进的新能源设备和技术,谁在新能源领域拔得头筹,谁将成为后石油经济时代的佼佼者。提高节能技术是降低能耗的关键,企业采用高效节能设备和先进适用节能技术,对于降低消耗、提高能源利用效率、实现节能目标具有重要作用。

国家推行和鼓励开发利用节能技术制度。政府科技投入指政府为扶持和推动科技进步而作出的财政支出,包括对各项科技活动的资金支持、对培养科技人才的资金支持、对开展各项科技活动所需设备的资金支持等,政府的科技投入应当更多地用于节能技术的研究开发,以更有利于节能技术的进步。同时,科研单位和企业对节能技术的研究、开发和应用,也是促进节能技术进步、实现节约能源目标的重要力量。

县级以上各级人民政府应当通过各种方式,支持科研单位和企业对节能技术如何应用到实际生产经营的各个环节和人们的日常生活中进行研究;支持科研单位和企业制定有关节能的各种标准；支持科研单位和企业开发不同行业、不同企业或者不同设备等节能共性技术；支持科研单位和企业开发对节能至关重要的关键技术；促进新节能技术的创造性研究和开发；促进节能技术的应用与推广；等等。

(二) 能源技术进步与科技创新法律制度的内容

大力创新能源科技，积极发展低碳技术。通过能源科技创新制度，促进和推动能源技术创新与革命，提高能源效率，降低整体能源消费强度，积极发展低碳经济。低碳经济是以低能耗、低污染、低排放为基础的经济模式，是人类社会继农业文明、工业文明之后的又一次重大进步。低碳经济实质是能源高效利用、清洁能源开发、追求绿色GDP的问题，核心是能源技术和减排技术创新、产业结构和制度创新以及人类生存发展观念的根本性转变。

《中国21世纪议程》要求：积极研究、开发和推广高效、低耗、无废、少废、节水、节能的新技术、新工艺；筛选、评价和推广有利于环境的实用技术，提高污染防治和生态恢复工程及设施的技术水准；重视重大环境问题和全球环境问题的研究。

《中国的能源状况与政策》提出：形成先进技术的研发推广体系。节约能源，促进能源多元发展，是实现全球能源安全的长远大计。国际社会应大力加强节能技术研发和推广，推动能源综合利用，支持和促进各国提高能效。积极倡导在洁净煤技术等高效利用化石燃料方面的合作，推动国际社会加强可再生能源和氢能、核能等重大能源技术方面的合作，探讨建立清洁、经济、安全和可靠的世界未来能源供应体系。国际社会要从人类社会可持续发展的高度处理好资金投入、知识产权保护、先进技术推广等问题，使世界各国都从中受益，共同分享人类进步成果。

2016年，国家能源局发布《能源技术创新"十三五"规划》。这一首部能源科技专项规划，确定勘探与开采、加工与转化、发电与输配电、新能源四大重点技术领域，全面部署建设"重大技术研究、重大技术装备、重大示范工程及技术创新平台"四位一体的国家能源科技创新体系。其具体包括以下内容：

1. 加强能源科学技术研发。在地质、材料、环境、能源动力和信息与控制等基础科学领域，超前部署一批对能源发展具有战略先导性作用的前沿技术攻关项目，争取在能源基础科学研究领域取得突破。依托行业骨干企业和科研院所，以应用为导向，鼓励开展煤矿高效集约开采、非常规油气资源勘探开发、高效清洁发电、海上风电、太阳能热发电、先进油气储运、大容量高效率远距离输电等先进适用技术研发应用。继续实施"大型油气田及煤层气开发""大型先进压水堆及高温气冷堆核电站"两个国家科技重大专项，推进关键技术创新，增强能源领域原始创新、集成创新和引进消化吸收再创新能力。

2. 推进能源装备技术进步。依托重大技术装备工程，加强技术攻关，完善综合配套，建立健全能源装备标准、检测和认证体系，提高重大能源装备设计、制造和系统集成能力。进一步完善政策支持体系，重点推进大功率高参数超超临界机组、燃气轮机、三代核电、可再生能源发电机组、非常规油气资源勘探开发等关键设备技术进步，积极推广应用先进技术装备。加强对能源装备产业的规划引导，防止低水平重复建设。

3. 实施重大科技示范工程。围绕能源发展方式转变和产业转型升级，在大型先进压水堆、高温气冷堆、煤层气开发利用、页岩气勘探开发、煤炭深加工、储能、智能电网等领域，加大资金、技术、政策支持力度，建设重大示范工程，推动科技成果向现实生产力转化。

4. 完善能源技术创新体系。依托大型企业、科研机构和高校，在煤炭资源勘探、煤层气开发利用、页岩气勘探开发、海洋工程装备、大型清洁高效发电设备、智能电网技术、先进核反应堆技术等领域，继续建设一批国家能源技术创新平台，加强自主研发和核心技术攻关。完善国家对技术创新平台的支持政策体系。充分发挥企业的创新主体作用，做好创新成果的推广应用。引导科研机构、高等院校的科研力量为企业技术创新服务，更好地实现产学研有机结合。完善科技评价和奖励制度,建立和完善能源创新人才的培养体系和激励机制。

《节约能源法》第四章"节能技术进步"规定:"国务院管理节能工作的部门会同国务院科技主管部门发布节能技术政策大纲,指导节能技术研究、开发和推广应用。""县级以上各级人民政府应当把节能技术研究开发作为政府科技投入的重点领域,支持科研单位和企业开展节能技术应用研究,制定节能标准,开发节能共性和关键技术,促进节能技术创新与成果转化。""国务院管理节能工作的部门会同国务院有关部门制定并公布节能技术、节能产品的推广目录,引导用能单位和个人使用先进的节能技术、节能产品。国务院管理节能工作的部门会同国务院有关部门组织实施重大节能科研项目、节能示范项目、重点节能工程。"

《节约能源法》还规定,国家组织实施重大节能科研项目、节能示范工程,提出节能推广项目,引导企业事业单位和个人采用先进的节能工艺、技术、设备和材料。国家制定优惠政策,对节能示范工程和节能推广项目给予支持。国家鼓励引进境外先进的节能技术和设备,禁止引进境外落后的用能技术、设备和材料。各级人民政府应当按照因地制宜、多能互补、综合利用、讲求效益的方针,加强农村能源建设,开发、利用沼气、太阳能、风能、水能、地热等可再生能源和新能源。各行业应当制定行业节能技术政策,发展、推广节能新技术、新工艺、新设备和新材料,限制或者淘汰能耗高的老旧技术、工艺、设备和材料。《节约能源法》第67条规定:"各级人民政府对在节能管理、节能科学技术研究和推广应用中有显著成绩以及检举严重浪费能源行为的单位和个人,给予表彰和奖励。"

《可再生能源法》第三章规定,国家将可再生能源开发利用的科学技术研究和产业化发展列为科技发展与高技术产业发展的优先领域,纳入国家科技发展规划和高技术产业发展规划,并安排资金支持可再生能源开发利用的科学技术研究、应用示范和产业化发展,促进可再生能源开发利用的技术进步,降低可再生能源产品的生产成本,提高产品质量。国务院教育行政部门应当将可再生能源知识和技术纳入普通教育、职业教育课程。

《能源法(征求意见稿)》第七章"科技进步"第七十八条"科技创新"规定:"国家鼓励和促进能源科技创新,推动建立企业为主体、市场为导向、产学研相结合的能源科技创新体系,采取措施促进能源新技术、新产品和新设备的研发、示范、推广和应用。县级以上人民政府及其有关部门组织对能源领域取得原始创新、集成创新以及引进消化吸收再创新的突出成果的推广应用。"国家将设立节能、新能源与可再生能源、农村能源等能源发展专项资金。国家鼓励和支持能源资源勘探开发技术、能源加工转换和输送技术、能源清洁和综合利用技术、节能减排技术及能源安全生产技术等的创新研究和开发应用。主要内容包括:

(1) 能源科技发展方针。国家积极推进能源科技自主创新,依靠科技进步保障国家能源战略的实施。能源科技发展应当有利于提高能源效率、节约能源、优化能源结构、增强能源供应和安全输送能力、保护环境。国家采取措施提高能源企业综合技术实力,鼓励能源企业推进能源科技自主创新。

(2) 增加能源研发投入,提高能源技术水准。提高自主创新能力,确保国家能源安全。提高能源研发投入力度,实现重点技术突破。对清洁煤技术、核能技术、新能源汽车技术、可再生能源技术、重大节能技术予以重点支持。促进国内外各类资源紧密合作,以科技计划项目为纽带,对于投入大、周期长、风险高的能源研发项目实行风险共担、成果共享的支持模式,提高能源技术的自主创新能力,从而从技术上谋求能源安全。

(3) 能源科技发展机制。国家积极构建由政府主导,能源企业为主体,市场为导向,产、学、研协同合作的能源科技创新体系。国务院能源主管部门应当会同科技主管部门组织有关部门和企业,建立和完善国家级能源实验室、国家能源工程中心和企业技术中心,依托重大能源工程和能源科研项目,集中开展能源领域的重大科技攻关活动。

(4) 突出能源科技重点领域的创新。国家鼓励和支持能源资源勘探开发技术、能源加工转换和输送技术、能源清洁和综合利用技术、节能减排技术及能源安全生产技术等创新研究和开发应用。加强能源科技创新能力建设,主要是要形成基础研究、前沿攻关、应用示范、重大装备一体化等能源科技创新体系。

(5) 能源科技成果推广应用。国家采取措施促进能源科技自主创新成果的产业化示范和推广应用,支持能源科技自主创新产品和工艺技术的标准制订。

(6) 能源科技奖励。各级人民政府及其有关部门应当对能源领域取得原始创新、集成创新以及引进消化吸收再创新突出成果的单位和科技人员予以表彰和奖励。

(7) 加强能源教育与人才培养。国家将能源教育纳入国民教育体系,鼓励科研机构、教育机构与企业合作培养能源科技人才,支持培养农村实用型能源科技人才。

(8) 提高自主创新能力,确保国家能源安全。提高能源研发投入力度,实现重点技术突破。对清洁煤技术、核能技术、新能源汽车技术、可再生能源技术、重大节能技术予以重点支持。促进国内外各类资源的紧密合作,以科技计划项目为纽带,对于投入大、周期长、风险高的能源研发项目实行风险共担、成果共享的支持模式,提高能源技术的自主创新能力,从而从技术上谋求能源安全。

(9) 加强能源科普。各级人民政府及能源、科技等有关部门应当积极开展能源科学普及活动,支持社会中介组织和有关单位、个人从事能源科技咨询与服务,提高全民能源科技知识和科学用能水平。

六、能源国际合作法律制度

中国将在平等互惠、互利共赢的原则下,进一步加强与各能源生产国、消费国和国际能源组织的合作,共同推动世界能源的可持续发展,维护国际能源市场及价格稳定,确保国际能源通道的安全和畅通,为保障全球能源安全和应对气候变化做出应有贡献。

《能源法(征求意见稿)》第八章"国际合作"第八十四条"国际合作方式"规定:"国家通过缔结国际条约、签订双边或者多边能源合作文件、参加或者建立能源国际组织、协调能源政策和能源标准、协商解决重大问题以及通过开展联合规划、联合开发、人员交流和信息交流等方式,加强全方位国际合作。"

境外能源合作:国家鼓励对外能源投资和合作方式的创新,建立境外能源合作管理与协调机制,由国务院能源主管部门会同有关部门统一协调境外能源合作事务。国家保护在境外从事能源开发利用活动的中国公民、法人和其他组织的合法权益以及中国公民的人身和财产安全。国家采取措施有效应对中国公民、法人和其他组织在境外能源投资项目所遭受的国有化、征收、征用、战争、内乱、政府违约、外汇汇兑限制等政治风险。

境内能源合作:国家依法保护外国公民、法人和其他组织在中国境内从事能源开发利用活动的合法权益。外国公民、法人和其他组织在中国境内从事能源开发利用活动,必须遵守中国有关法律、法规。国务院有关部门应当制定涉及能源发展的外商投资产业指导目录及相关政策。

能源贸易合作:国家加强能源领域的双边多边贸易合作,采取综合措施防范和应对国际能源市场风险。国务院对外贸易主管部门、能源主管部门及其他有关部门应当采取措施,促进对外能源产品、技术和服务贸易。国务院有关部门应当建立和完善境外能源贸易监管机制,对从事境外能源贸易的企业及其交易人员和交易行为实施有效监管。

能源运输合作:国务院能源主管部门会同有关部门统筹规划跨国能源输送管网、能源运输通道及配套设施的建设,保障涉外能源运输的安全、经济和可靠。能源输送管网、能源运输通道及配套设施的投资、开发、建设、经营等活动,必须符合国家能源战略和规划,并接受国务院能源主管部门和有关部门的管理、协调和监督。

能源科技与教育合作:国家采取措施,促进能源科技、教育与人才培训的国际合作,鼓励与其他国家联合培养国内能源领域急需的专业人才,提高对国外先进能源科技的吸收、转化与自主创新能力。

能源安全合作:国家加强与其他国家和相关国际组织沟通、协调与合作,促进能源预测、预警与应急的国际合作,推动全球性或者区域性能源安全协调保障机制的建立和完善。

第三章
我国能源法律体系的完善对策探讨

随着我国经济的快速增长,能源问题的重要性在我国日益突出。在建立节约型社会的呼唤中,如何完备能源法律体系,从而保障能源的安全可靠供应,以支持国家经济长期增长,是社会各界十分关注的问题。本章内容包括我国能源法律体系完善的必要性、我国能源法律制度完善的理论依据和我国能源法律体系构建与完善发展。

第一节 我国能源法律体系完善的必要性

随着"依法治国"方略的全面实施以及各行各业依法治理意识的增强,各种专业立法的速度加快。虽然能源立法起步较早,但由于各种原因,能源法律体系尚不健全,不能适应中国经济的发展需要,不能适应能源发展需要。

一、有助于促进能源又好又快发展,保障社会对能源的需求

改革开放以来,我国经济发展速度之快举世瞩目,经济总量迅速扩大,综合国力大幅增升,人民生活水平大幅提高,对能源的需求也大幅增加。但是,在经济高速增长的同时,也出现了不少问题。

问题一:部分高耗能产业盲目扩张,粗放式的经济增长方式使

资源和能源消耗过量，快速增长的能源供应仍然不能满足更快增长的能源需求，从而引发煤炭、电力及石油供应紧张。

问题二：中国经济的发展在相当长的时期内要保持快速、稳定增长，必定带动能源需求的快速增加。我国由于能源资源的有限性，加之无规范地乱开发、乱上项目的现象，将越来越难以承担如此重负。

问题三：国际能源合作方面缺乏法律规范。国际能源市场变化对我国能源供应影响较大，全球能源供应需求不平衡，石油市场波动频繁、价格大幅涨价，各种非经济因素也影响能源国际合作，海上运输通道基本被少数国家控制，依赖进口解决能源问题增加了我国经济发展的不安全因素。

问题四：对于能源结构不合理、能源利用效率低、环境污染严重、能源无序开发、超能力生产导致事故频发等问题缺乏完备的法律治理，而能源法律关系又极为广泛，只依靠一部或几部法律、法规很难调整复杂的社会关系。所以，要促进能源又好又快地发展，保障社会对能源的需求，需要建立健全、完整的能源法律体系。

二、有助于完善国家法律制度，全面提升依法治国能力

"依法治国"已写进我国《宪法》和党章，已成为我国的治国方略，将国家各项事务纳入法律调整范围是《宪法》、党章明确的大制度、大方向，建立完善的国家法律制度已经成为大国策。能源立法已不能适应快速增长的能源供求形势，不能适应国家法治需要。

在我国改革开放和社会主义市场经济建设初期，能源领域的管理专家学者和法律专家学者曾对能源法制建设如何适应国家法律制度建设需要进行探讨和研究，对能源法律体系建设从理论上、实践上进行了论证。随着依法治国方略的贯彻以及国家对法制工作的重视，不少大专院校、法律研究机构和学会也加强能源法理论的研究，并纷纷立论、撰文阐述能源法律体系建设的重要意义，探究能源法律体系建设对国家法律制度建设的重要作用。国家能源管理部门又针对能源基本法典的制定，组织有关专家专门进行研

究,并一致得出结论:健全和完善能源法律体系有利于完善国家的法律制度,有利于全面提升"依法治国"能力。

三、有助于实施我国能源发展战略,保障国家能源安全

能源可持续发展战略是我国经济发展战略的基础,也是我国能源法律体系建设的基本要求[①]。任何一部法律都不可能将能源发展战略所需要的法律规则包罗齐全。所以,我国能源可持续发展战略的基本内容包含众多方面。

1. 开发与节约并举、节约优先,实行全面、严格的节约能源制度和措施,提高能源的利用效率。

2. 大力调整和优化能源结构,坚持以煤炭为主体、电力为中心、油气和新能源多元发展的战略。

3. 做好能源发展合理布局,统筹规划,兼顾东部地区和中西部地区、城市和农村经济发展的需要,并综合考虑能源生产、运输和消费合理配置,促进能源与交通协调发展。

4. 充分利用国内外两种资源、两种市场,立足于国内能源的勘探、开发与建设,同时积极参与世界能源资源的合作与开发。

5. 依靠科技进步和创新。无论是能源开发还是能源利用、节约等,都必须重视科技理论创新,广泛采用先进技术,淘汰落后设备、技术和工艺,强化科学管理。

6. 切实加强环境保护,充分考虑资源约束和环境的承载力,努力减轻能源生产和消费对环境的影响。

7. 高度重视能源安全,做好能源供应多元化,加快石油战略储备建设,健全能源安全预警应急体系。

8. 制定能源发展保障措施,完善能源资源政策和能源开发政策,充分发挥市场机制作用,加大能源投入力度。深化改革,努力形成适应全面建设小康社会和社会主义市场经济发展要求的能源管理体制和能源调控体系。

---

① 张剑虹.中国能源法律体系研究[M].北京:知识产权出版社,2012.

由此可见,我国能源发展战略的实施不是一部法律、法规可以保障的,而是需要一系列有关法律、法规的群体作保障,其中能源法律体系是必然需要。

第二节 我国能源法律制度完善的理论依据

北京大学出版社、高等教育出版社联合出版的《经济法》教材中,有关专家在谈到能源法的经济观时,分别从能源持续发展观、能源市场供给观、能源政府规制观、能源技术创新观四个角度分析能源法的思想和精神,并认为能源法经济观是能源立法的思想基础、能源法守法的评价标准、能源法执法的指导原则、能源法司法的价值准绳、对现行能源法及其制度进行诊断的依据。本书拟从能源持续发展观、能源市场供给观、能源政府规制观、能源技术创新观四个角度,论述完善我国能源法律制度的理论基础。

一、能源可持续发展观

可持续发展思想的起源可追溯到 20 世纪五六十年代。1962年,美国科学家卡逊发表的《寂静的春天》,首次提到"可持续发展"一词。"可持续发展"概念的提出,源于人们对环境问题的逐步认识和热切关心,体现人类社会进步与对自然环境关系的反思,代表人类与环境达到和谐发展的要求。其概念自诞生以来得到社会各界的关注和广泛认同,并逐步渗透社会经济的各个领域。

可持续发展作为一个完整的理论体系,正处于不断完善和丰富的过程中。然而,目前,可持续发展的定义在世界范围内众说纷纭,莫衷一是。现在,人们普遍使用《我们共同的未来》报告中对可持续发展的定义,即满足当代人的需求,又不对后代人满足其需求的能力构成危害的发展。

"可持续发展"包括两方面内容:可持续性和发展。发展是前提,是基础,没有发展,也不可能有持续性问题;可持续性是关键,没有持续性，发展就行将终止。发展应理解为两方面：首先，发展指人类社会物质财富的增长，经济不断发展，满足人们生活需要。其次，发展是以所有人的利益增进为标准，以追求社会全面进步为最终目标。社会的全面发展不仅包括经济发展，也包括资源、环境的发展，为人类提供包括适宜环境在内的物质文明和精神文明，实现人类健康全面发展。

发展追求的目标是资源、环境、经济和社会的和谐发展。持续性也包括两方面：其一，对于资源和环境来说，可持续性要求保持或延长资源的生产使用性和资源基础的完整性，意味着自然资源的利用不应该影响后代人的生产与生活。其二，在社会发展过程中，当代人不仅要考虑自身利益，而且应该重视后代人的利益，更要兼顾国家和地区之间的利益。

可持续发展理论是一种主要从环境和自然资源角度提出关于人类长期发展的战略和模式，也是涉及资源、环境、经济、社会等方面的综合性概念。可持续发展理论主要包括资源和环境可持续发展、经济可持续发展和社会可持续发展三个方面。

首先，可持续发展以资源的可持续利用和良好的环境为基础。可持续发展要求发展要与资源、环境的承载力相协调。人们在开发利用资源时，要遵循可持续原则，采取有利于环境保护的开发模式，维护生态系统的正常运转，使人类的发展在环境的承载力之内。能源作为资源的一种，又是社会经济的推动因素，在开发利用过程中应遵循最佳的持续产量原则，一方面保障各能源的使用，以推动社会经济发展；另一方面使能源得到充分、稳定、持续地开发利用。

其次，可持续发展以经济可持续发展为前提。经济状况是社会财富和国家实力的重要体现。可持续发展中，经济的可持续发展不仅是数量的增长，而且要求改善质量、提高效益、节约能源、减少废物、改变传统的生产和消费模式，实施清洁生产和文明消费。可持续发展旨在保持资源永续利用的前提下，使得经济得到最大限度的发展，为其他方面的可持续发展提供物质保障。

第三章 我国能源法律体系的完善对策探讨

最后,可持续发展以谋求社会全面进步为目标。21世纪,人类的发展目标是追求社会、经济、自然的协调发展,可持续发展以人类社会与自然界相互作用、保持动态平衡为中心,强调人与自然的整体、和谐发展,是一种全面发展。资源与环境的可持续发展和经济的可持续发展都是可持续发展的重要内容,但不是全部,而是为了实现社会的全面发展。可持续发展是人类文明进入一个新阶段的全新发展观,与传统只强调经济发展不同,其强调资源、环境、社会全方位的持续发展。

可持续发展理论运用在能源领域,要求在能源开发利用中重视能源的持续发展,在为社会提供充足的能源资源时,也要注重自身的可持续发展,注重能源同环境、社会的和谐发展。因此,可持续发展理论要求重视能源的可持续开发利用,以能源的可持续发展带动社会经济的可持续发展。能源法律制度的构建和完善正是按照可持续发展理论要求,在能源领域为实现人类长期发展战略提供充足、清洁、有持续力的能源资源。

能源可持续发展观,指在维护地球生态系统基础上,通过能源法律及其制度安排,使能源开发利用及其规制合理化,用以保证能源安全、效率、持续供给,满足社会持续发展的理论和观念。能源可持续发展观的含义:维持地球生态系统的完整性是能源持续发展观的基石;能源开发利用及其规制的合理化是能源持续发展的根本途径;能源法律及其制度是能源开发利用及其规制合理化的制度基础;能源安全、效率、持续供给是社会持续发展的必要条件,也是能源持续发展观的归宿。

能源可持续发展观由三方面理论和观念构成:能源可持续发展是不超出生态系统和整个生物圈负载力情况下的发展;能源可持续发展是合理开发利用能源资源及其产品的发展;能源可持续发展是以能源法律制度为实施条件的发展。

能源可持续发展观是能源法律及其制度结构的核心理论根据,各种能源法律及其制度都将以它作为理论根据,以它的实现作为目标和安排的基础,能源立法、守法、执法、司法和对现行能源法律及其制度进行诊断和评价,都要以它作为哲学方法。因此,在能源法律制度建设中,能源可持续发展观具有普遍的指导意义。

二、能源市场供给观

能源市场供给理论,指在承认能源资源价值基础上,通过安排能源产权制度,确定和培育产权主体,界定产权边界和交易规则,将能源资源及其产品纳入市场供给制度,用以追求能源开发利用及其规制的合理化和能源安全、效率、持续供给的理论和观念。其含义是:承认能源资源价值是能源市场供给观的哲学基础,如果不承认能源资源的价值,就不会有能源市场供给;能源产权制度是能源市场供给观的手段,能源产权制度安排得是否合理,直接决定能源市场供给的效率;能源市场制度是能源市场供给实现的空间,若离开能源市场制度,则能源市场供给无法实现;能源开发利用及其规制的合理化和能源安全、效率、持续供给,是能源市场供给观的目的,实现这一目的是能源法律及其制度体现能源市场供给观的标志。

能源市场供给理论由以下理论和观念构成:承认能源资源的价值不仅是能源市场供给观的哲学基础,也是能源法律及其制度之所以规范能源资源的哲学基础;能源资源及其产品的价值实现,都是在市场交易中进行,而产权安排则是能源市场交易的基础;能源的市场供给是不确定的,但不是无序的,而是通过一系列制度安排实现的。能源市场供给以追逐能源效率为根本目标。能源市场供给观是能源法律及其制度结构的主要理论根据,因而被广泛适用于能源法律及其制度建设的各个方面,如能源资源法律制度、能源产品法律制度、能源供应与贸易法律制度建设等。

三、能源政府规制观

能源政府规制理论,指在承认能源市场供给基础上,通过安排规制能源开发利用的行政权制度,确定行政主体地位及其权限、规制范围和程序,保证政府规制在弥补市场供给不足的同时代表公共选择,用以保证能源开发利用合理化和能源安全、效率、持续供给的理论和观念。其含义是:承认能源市场供给是能源政府规制观的理论前提,能源的政府规制和市场供给是相容的,二者互为存在和发展的条件;能源开发利用的行政权制度是政府规制的手段,行政权制度的合理安排是界定政府规制与市场供给的关键;政府规制是以行政权为空间,其经济功能是弥补市场供给不足,其政治功能是代表公共选择;政府规制的目的是能源开发利用的合理化和能源安全、效率、持续供给,表明政府规制是为市场供给服务的。

能源政府规制理论由以下理论和观念构成:能源市场供给是能源政府规制目标实现的基础,是能源政府规制合理化的条件;政府对能源开发利用的规制是在行政权严格界定的范围内进行,防止渎职、越权、权力滥用以及权力的冲突和掣肘,防止所有权与行政权的混同和行政权向市场供给的渗透,从而使行政合法性和行政经济合理性制度化,保证政府规制目的实现;能源政府规制具有公共选择性,能源市场供给的不足和能源开发利用的特殊性,决定了能源政府规制不仅要维护产权、限制不公平竞争和垄断,还要管制能源价格和能源开发利用者的市场准入、保护资源、防止环境污染和破坏、维持宏观经济稳定等。

能源政府规制理论在能源法律及其制度,特别是能源政府规制的理论和实践中具有重要地位,其适用主要包括:能源行政主体制度、能源政府规制基本制度建设,以及协调政府对社会能源总供给的控制、保障能源开发利用秩序的稳定等。

四、能源技术创新观

能源技术创新理论,指在承认技术对能源和环境影响的前提下,通过产权、市场、企业和政府的制度安排与推动先进能源技术规范上升为法律规范安排,激励能源开发利用者进行技术创新,以提高能源效率、降低成本和减少外部性费用的理论和观念。其含义是:技术创新与能源开发利用和环境保护是互动的;技术创新源于市场供给,特别是产权和政府规制以及科技政策的激励;在制度约束下的技术创新才有意义;技术创新不是单纯的技术现象,而是经济的内生变量。

能源技术创新理论由下列理论和观念构成：能源技术创新与能源开发利用和环境保护是互动的，能源技术创新源于产权、市场、政府、企业的激励；能源技术创新的制约因素很多，但技术创新是必然的，其关键是能源开发利用者对能源物质利益的追逐；能源技术创新的激励机制是通过制度安排的，产权制度特别是专利权制度，使技术创新成果及其收益专属于确定的产权主体，使技术创新成为持久、有效、安全和有利可图的创造性活动。

能源技术创新理论在能源法激励技术创新的制度安排中起着重要作用，技术创新的制度安排贯彻在能源法各项基本制度中，是能源法保障社会可持续发展和不断进行制度创新的基础条件。

第三节　我国能源法律体系构建与完善发展

我国能源立法面临的主要问题在于，如何在整体上规划和确定不同层次和领域能源立法的定位，以及现有的能源立法与将来出台的新立法如何衔接与协调，从而解决我国能源立法的结构优化问题。从某种意义上来说，该问题要比解决某个能源单行立法内容合理化的问题更为重要，其重要性在于明确我国整个能源法律体系构建的指导思想和实现途径。因此，从体系化的角度对我国能源立法发展进行完善研究是非常必要的。

一、能源法律体系的构建

对某个法律领域立法的体系化研究，是法学基础理论研究的重要环节，充分体现从理论应然的角度对相关立法实践的指引作用，在很大程度上提高相应领域法律体系结构与内容的合理化水平，而且有助于对该法律领域在整体上进行把握和认知。尤其对我国立法实践而言，更显体系化研究的必要性，对超越立法实践的法律体系的应然构建研究尤为重要，可以充分发挥参照作用，为现有立法在体系上的合理化完善提供必要的借鉴和参考。

上述问题实际上在我国能源法领域表现得尤为突出和典型，我国能源立法相较于发达国家而言相对滞后。因此，对能源法律体系的研究有必要以理论上的应然构建为参照，对现行的能源立法状况进行评价并有针对性地提出体系合理化的举措。具体而言，应考虑法律体系构建的合理性、对能源开发利用不同环节的特殊性以及能源资源的不同类型划分等因素。能源法律体系应包括能源基本法和具体能源法两个组成部分，具体能源法又可划分为能源利用法、能源产业法和能源公共事业法。

(一) 能源基本法

能源基本法指在国家能源法律体系中由国家立法机关制定的与各单行能源立法相对应，能够体现能源法律的共同价值，具有基础性和综合性的法律。与其他主要针对各具体能源领域或具体类型能源问题的能源单行立法相比，能源基本法主要是规范能源开发利用和管理基本活动的立法，主要规定国家能源立法的目的、国家能源战略、能源管理体制、基本能源法律制度、能源国际合作、能源法实施的监督与保障等方面的问题。

能源基本法是其他各能源单行立法指导思想以及制度与规范的前提和基础，在国家能源法律体系中处于基础性地位。从一般发展规律上来看，能源基本法的出台要晚于各单行立法，能源基本法的立法建立在各能源单行立法实施经验和规律总结基础上，是对各能源单行立法的理念和基本制度结构的提炼和归纳。一般来说，能源基本法的出台说明一国能源立法的指导思想已经比较明确，法律制度的基本结构也较为稳定，意味着一个国家能源法律体系的成熟和完备。

(二) 具体能源法

1. 能源利用法

能源利用法是规范能源利用活动的法律。能源利用法中的

"利用"指合理利用，其基本要求在于通过优化能源结构和能源利用方式，不断提高能源利用效率，在保持既定的能源开发强度和供应规模前提下，能够满足社会经济发展和公众日常生活的能源消费需求，实现能源的持续供给。

相对于其他能源具体法领域，能源利用法具有更为广阔的适用范围，涉及能源开发利用的全过程和所有环节。能源利用法的法律理念是否先进以及制度安排是否合理可行，往往代表一个国家在整体上的立法水平，而且在有些国家能源基本法与能源利用法是合二为一的，由此可见，能源利用法的重要性和基础性。在立法实践中，由于不同国家法律文化的差异以及在特定阶段所面临的能源问题类型不同，对能源利用法在名称上的选择也有所不同，比如《节约能源法》《能源利用合理化法》等。

2. 能源产业法

能源产业法是规范能源产业活动的法律。能源资源的类型有所不同，相应的产业活动也表现出明显的差异性，因此，可依据能源资源的可再生程度为参照，将能源产业法划分为不可再生能源法和可再生能源法。

（1）不可再生能源法。不可再生能源法指对以不可再生能源作为开发利用对象的产业活动进行规范的立法。不可再生能源主要包括化石能源和原子能。由于从立法传统上看，针对煤、石油、天然气等化石能源的矿业活动立法是不可再生能源的主要渊源，所以有学者将不可再生能源法称为能源矿业法。但从当前针对不可再生能源产业活动的立法实践来看，该判断已远远超出能源矿业法的范畴。从其具体规范内容上来看，不可再生能源法不仅包括化石能源资源和原子能矿产的勘探开采，还应涵盖加工、转换、储运、供应与贸易等环节；从制度安排的角度来说，由于对不可再生能源的产业活动主要涉及一次能源的加工转换，在整个能源利用过程中处于上游环节，因此，不可再生能源立法完善与否，将在很大程度上影响能源利用中下游的相关制度安排。所以，不可再生能源法在整个能源法律体系中占据非常重要的地位，具有明显的传统优势。

（2）可再生能源法。利用对象的产业活动进行规范的立法。由于传统经济对化石能源资源过于依赖，由此衍生出一系列严重问题，如国际石油市场的动荡、气候异常变化等，已经危及整个人类的持续发展。因此，未来在能源领域的发展趋势，必然通过对化石能源的替代逐步实现能源的多样化。

就当前世界各国针对该问题的实践来看，要用对可再生能源的开发利用替代传统的化石能源，逐步降低对化石能源的依赖程度。因此，可再生能源法主要规范对太阳能、生物质能、风能、海洋能等可再生能源进行开发利用的产业活动。

从可再生能源法的基本功能来看，并不在于对传统化石能源的替代实现能源供应的多元化，更重要的在于不断提高能源利用过程中的环境友好水平。因此，在当前化石能源供应日趋紧张以及能源环境问题日趋恶化的大背景下，可再生能源法的重要性日益凸显，受到世界各国重视，正成为能源法律体系中发展与更新最快的领域。

3. 能源公共事业法

能源公共事业法是规范能源终端供应公共事业活动的法律。电力、热力、燃气等能源的终端供应是能源利用的重要环节，对于社会经济发展和公众日常生活不可或缺。因此，能源的终端供应是重要的公共事业，从当前各国的相关实践来看，大多是由国有企业作为能源终端供应公共事业的运营主体，具有较为明显的自然垄断特点。所以，在能源的终端供应环节，尽管其企业活动具有较强的公共服务属性，但因企业自然的垄断地位，容易导致不正当竞争以及损害消费者利益等问题发生。基于该原因，必须针对能源终端供应的公共事业活动进行专门立法，加强对电业运营、热力与燃气供应等领域的行为规范。能源公共事业法重点在于以价格管制为核心，对相关企业进行调控与规制，与经济法具有一定的交叉和重合。由此，能源法律理论与制度设计的综合性与复杂性可见一斑。

二、我国能源立法现状与体系化评估

我国能源立法起步的动因具有一定特殊性,与其他国家有所不同。20世纪70年代的两次石油危机,推动了当时主要的能源消费国开始重视并加快能源立法进程,但此时我国与世界能源体系关联较少,石油危机对我国也并未产生实际影响。进入20世纪80年代之后,随着我国经济的起步与加速发展,电力短缺频频发生,国内能源供应不足的问题有所显现,国内开始着手研究经济发展与能源供应的关系,在加快制定有关能源工业发展、合理利用能源相关政策的同时,我国能源立法也开始起步。经过多年的发展,能源立法工作取得了较大进展,到目前为止,现行的能源法律有《电力法》《煤炭法》《节约能源法》《可再生能源法》《石油天然气管道保护法》等,除此之外,还有大量的行政法规、部门规章以及地方法规和规章,在其他相关立法中也有涉及能源开发利用以及能源环境问题的法律规定,比如《矿产资源法》《水法》《环境保护法》等。因此,结合我国能源立法现状,参照能源法律体系的应然构建,可对我国现行的能源立法进行体系化评估。

(一)能源基本法的缺失

对于能源基本法的缺失,需要提及我国能源法的制定。进入21世纪以来,随着我国能源形势的日趋严峻,能源法律资源的不足也日益凸显,我国在加紧对原有能源单行立法修改和有针对性地制定新的能源单行法的同时,也开始对能源基本法,即能源法进行立法工作[①]。能源法的研究起草工作从2006年初开始,2007年底即形成《中华人民共和国能源法(征求意见稿)》,并通过新闻媒体和互联网等渠道公布,向社会各界广泛征集修改、完善的意见和建议,一时之间反响强烈。在法律起草阶段,尚未提交立法机关审议修改之前即向全社会公开征求意见,在我国尚属首次。其后,《中

---

① 王利.中国新能源法律、政策的缺陷与完善[J].北方论丛,2011(06):146-153.

第三章　我国能源法律体系的完善对策探讨

华人民共和国能源法(送审稿)》在2008年底由国家发改委报送到国务院。2017年以来,在原国务院法制办、司法部的指导下,国家发展改革委、国家能源局组织成立了专家组和工作专班对《中华人民共和国能源法(送审稿)》修改稿进一步修改完善,形成新的《中华人民共和国能源法(征求意见稿)》,再次向社会公开征求意见。2020年4月10日,国家能源局发布了《中华人民共和国能源法(征求意见稿)》。能源法迟迟难以出台的根本原因在于定位问题,如何为能源法定位,将直接影响立法的框架、思路以及主要内容的设计。

(二)能源产业法覆盖领域的欠缺

1. 石油天然气法和原子能法的长期缺位

在不可再生能源立法领域,能源产业法覆盖领域的欠缺主要表现为石油天然气法和原子能法的长期缺位。从理论上讲,不可再生能源法至少应包括专门的煤炭法、石油天然气法和原子能法,但就我国目前能源立法的现状来看,专门的不可再生能源法只有一部《煤炭法》,石油天然气法和原子能法一直处于缺位状态,对这两个领域主要是依靠行政法规还有政策性规定进行调整和规范。

就我国现实情况而言,石油天然气法和原子能法的长期缺位的一个重要原因主要是对《矿产资源法》理解和定位的误区。前文曾提及,在立法传统上,针对煤、石油、天然气等化石能源的矿业活动立法,曾长期是不可再生能源法的主要渊源,由此形成思维定式,不可再生能源法等于矿业法,而我国已经有《矿产资源法》作为矿业领域的综合性立法,对不可再生能源行业的规范与管理完全可以适用。但是,这种看法并不科学,因为忽略了不可再生能源行业的特殊性和复杂性,不可再生能源行业并不等于不可再生矿业。比如,对于石油、天然气资源来说,《矿产资源法》及其配套法规所规定的是矿产资源开发利用规制的共性问题,而无法有针对性地处理油气资源的特殊问题。

尽管石油、天然气资源勘探和开采可以适用《矿产资源法》及配套规定,但石油、天然气产业集石油、天然气勘探、开采、输送、加工炼制、供配、消费、贸易为一体,其中的重要环节是《矿产资源法》及其配套规章无法调整的。对于原子能法而言,也存在类似问题,因为该法不仅涉及原子能矿产的开发利用问题,更重要的还有安全和防止核扩散问题,远远超出《矿产资源法》力所能及的范围。因此,制定专门的石油天然气法和原子能法势在必行。

2. 可再生能源法亟待分类细化

我国于2005年颁布《可再生能源法》,并制定一系列配套实施的政策、法规和规章,逐步将我国可再生能源的开发利用纳入法制轨道。现行《可再生能源法》作为我国当前可再生能源开发利用领域牵头的法律,采用的是针对所有类型可再生能源的统一立法模式,这样的立法模式有一定的优越性,即能够归纳所有类型可再生能源的共性,提高立法的普适性。但《可再生能源法》统一立法模式的不足也很明显。首先,内容过于原则概括,法律的实施只能依赖配套的政策、法规和规章,如果就某一具体问题没有相应的配套规定,会导致《可再生能源法》规定内容的落空。此外,可再生能源只是一个概括性的提法,其涵盖太阳能、风能、水能、生物质能、潮汐能、地热能等不同类型,每种类型的可再生能源的赋存状态、开发利用技术要求、发展阶段以及法律制度需求都存在一定差异,如果没有各自针对性的立法,《可再生能源法》作为统一立法犹如"空中楼阁",难有真正用武之地。从实践中来看,虽然我国已出台《可再生能源法》,但长期以来可再生能源的开发利用主要还是靠相关产业政策和政府规章的规范和促进,从某种意义上来说,上述原因应该是主要的症结所在。

(三)能源公共事业法整体上立法层次偏低

就我国能源消费基本状况来看,能源的终端供应主要有电力、热力、燃气三种形式,构成能源公共事业的主要内容。但就能源公共事业的三个主要领域而言,立法发展并不均衡,除《电力法》之外，在热力和燃气供应领域并无在法律层面的立法，只有一些低层次的部门规章，甚至是一些规范性文件，比如《城市供用气合同》与《城市供用热力合同》示范文本等，除此之外，还有大量的技术性规范。整体而言，我国能源公共事业法的立法层次偏低，与当前我国能源立法的快速发展以及能源供应与消费市场化程度不断提高的现实不匹配。从形成该局面的原因来看，与我国长期在计划经济体制中对能源公共事业活动的管理模式有关，既没有把能源的供应与消费视为市场行为，更没有把从事能源公共事业活动的企业作为独立的市场主体，缺乏对法律制度需求的基础。

三、我国能源法律体系的完善发展对策

（一）对能源法进行科学合理的定位

我国能源法何时能够出台，涉及很多复杂问题，如果从体系化的角度而言，主要涉及定位问题，即如何处理与其他能源具体法的关系。如前文所述，问题集中表现在如何有效处理能源法与其他单行立法效力高低关系以及内容上的衔接与协调两个方面。

事实上，对于能源法作为基本法与其他单行立法在效力高低关系以及内容衔接与协调认识上，一直存在一个误区，即只有能源法的效力高于其他单行法，才能体现能源法的基础性和综合性，才能有效进行内容上的衔接与协调。实际上，"这种定位不利于：法律规范的重复，容易造成法律资源浪费，妨碍尚未制定的能源法出台，特别是制度设计与现行的四部单行能源法冲突；有可能拖延能源法出台的进程，还会导致能源法难以出台"。

根据我国《立法法》对法律适用的相关规定，对全国人大通过的基本法律和全国人大常委会通过的基本法律以外的法律，在效力方面并没有进行上下区分，而是统称法律。所以，没有必要把能源法效力高于其他单行立法作为其与其他单行立法在内容进行衔接和协调的前提。在我国的立法实践中已有类似先例，比如公认的《环境保护法》是环境法律体系中的基本法，但并没有高于其他

环境单行立法,诸如《大气污染防治法》《水污染防治法》等法律效力,也并不影响《环境保护法》作为基本法的地位,因为该法所确立的法律价值和基本制度框架在各环境单行立法中都得到了贯彻和体现。因此,在对能源法定位的理解上,是否能够体现该法的基础性和综合性,并不在于与能源单行立法相比法律效力孰高孰低,关键在于该法在内容方面能否明确提炼我国能源立法的核心价值以及确立能源法律领域的基本制度框架,只有做到这一点,才能充分体现能源法作为基本法在能源法律体系中的基础性和综合性地位。

(二)积极完善能源产业法的覆盖领域

1. 制定专门的石油天然气法与原子能法

石油天然气法应涵盖石油天然气产业的所有环节,包括勘探开采以及加工、转换、储运、供应与贸易等,应起到石油天然气领域牵头法的作用。从立法技术上看,石油天然气法的制定,首先会涉及《矿产资源法》及其配套立法的内容衔接与协调问题。因为总体而言,《矿产资源法》及其配套立法主要是规范矿业活动,而矿业活动主要包括勘探和开采两个方面,换而言之,《矿产资源法》及其配套立法是规范勘探和开采矿业活动的基础性立法,对石油、天然气勘探和开采活动的规制也应该适用《矿产资源法》及其配套立法。有关这方面的内容,石油天然气法都应该采用《矿产资源法》的相关规定,除此之外的其他环节,石油天然气法可根据具体情况进行针对性的制度设计。

原子能法在整个能源法律体系中具有一定的特殊性,其原因主要在于原子能利用过程的特殊性,即因其运行的高风险性所带来的安全和防扩散问题。因此,原子能法应以核安全为基本前提,采用"许可+强制规则"的立法模式,加强对原子能开发利用的各环节监管,并应贯彻预防原则,构建合理损害赔偿和填补机制。

2. 大力推进对不同类型可再生能源的专门立法

美国是可再生能源立法比较发达的国家,从美国可再生能源立法的沿革过程来看,大体经历了从分类立法到综合性立法的发展进化历程。在20世纪七八十年代,美国可再生能源立法早期,出台了比较多的单一种类可再生能源法案,涵盖地热能、风能、太阳能、海洋能、生物质能等门类。

就发展阶段而言,我国可再生能源立法刚刚起步,美国在可再生能源立法早期采用的分类立法模式,对我国具有较强的可借鉴性。结合我国当前的现实国情,不同类型的可再生能源无论是开发利用技术水平还是普及程度,确实存在明显差异,所以推进对不同类型可再生能源的专门立法势在必行。对此,有学者明确指出:"建议国家针对太阳能、风能、水能、生物质能、潮汐能、地热能等主要可再生能源技术,分别制定太阳能法、风能法、水能法、生物质能法、潮汐能法、地热能法等法律。"该设想虽然较为宏大,但其体现出的思路是符合可再生能源立法发展规律的。

(三)努力提升能源公共事业法立法层次

当前,我国能源公共事业活动所面临的基本社会情势与计划经济时期相比,已经发生巨大变化,社会经济发展和公众日常生活对能源的消费需求与日俱增,能源供应的市场化程度不断提高,能源公共事业活动涉及的利益关系格局日趋复杂,所有这些都对能源公共事业立法提出了较高要求。因此,应该提升燃气和热力供应领域的立法层次,制定专门的燃气供应法和热力供应法,与《电力法》共同形成能源公共事业活动的法律制度支撑。从基本定位上来看,无论是对现行《电力法》的修改,还是制定燃气供应法和热力供应法,都应该坚持以公共服务为前提,协调与市场化的关系;从基本制度构架上来看,应包含准入资质、安全运行、价格管制、消费者权益保护等基本方面。

第四章
传统型能源及其法律体系化研究

传统型能源指已经大规模生产和广泛利用的能源,如石油、天然气和煤炭,是促进社会进步和文明发展的主要能源。因此,本章围绕石油、天然气、煤炭法律制度体系完善展开研究。

第一节 石油法律制度体系完善

近代工业化革命后,人类文明达到一个前所未有的高度;同时,人类对能源的消耗量也日益增长。在各种能源中,石油占据重要位置。各国通过石油立法,确保拥有或获得石油资源;鼓励勘探开发,扩大对外开放,增进就业,增加国民收入。与发达国家相比,我国石油立法仍处于初期阶段,存在许多空白,石油领域主要由政策性文件调整。随着我国石油行业的快速发展,石油法等石油行业基本法律正在逐步完善。

一、石油法概述

石油在我国能源消费结构中占有重要地位。我国石油资源比较丰富,但以品质较差、地理地质条件较复杂的油气资源为主。近年来,随着我国经济的高速增长,石油供给相对不足,国家石油安全面临严峻形势。

第四章 传统型能源及其法律体系化研究

（一）石油与石油业认知

1. 石油

石油既有其自然特性，也有其社会特性。就前者而言，石油的形成过程决定石油的不可再生性和开采的复杂性；石油资源禀赋具有不均衡性，石油资源的生产与利用都具有污染性。在20世纪七八十年代的环保运动中，石油被环保主义者指控为"环境罪犯"。就后者而言，石油又具有经济性、军事性、政治性等。石油是"工业的血液""经济的命脉""外交的武器""国防的保障"。世界上没有哪种资源能像石油一样，对国家、地区和世界经济、政治、外交、安全产生如此重大的影响。石油资源以其巨大的政治、经济和军事意义，以及目前不可替代性，成为世界各国特别是工业发达国家关注的重点。石油在世界上已成为与粮食和水资源并列、事关国家经济可持续发展和经济安全的重要资源。

2. 石油业

石油业是人们以石油为对象所进行的勘探、开采、加工炼制、储运、供应、贸易活动的总称。石油从资源到原油，再从原油到成品油的转化是由石油业完成的。石油业是一个各分支紧密联系、整体性较强的产业，但各部分都有特定内容。

（1）石油勘探是为了寻找和查明油气资源，利用各种勘探手段了解地下的地质状况，认识生油、储油、油气运移、聚集、保存等条件，综合评价含油气远景，确定油气聚集的有利地区，找到储油气的圈闭，并探明油气田面积，清楚油气层情况和产出能力的过程。石油勘探属于矿业，勘探的主要方法有地面调查、地球物理勘探、地球化学勘探以及钻井勘探等。

（2）开采是采用各种科学方法，将地下石油采集到地面的活动。通常把利用油层能量开采石油称为一次采油，包括自喷采油、机械采油；向油层注入水、气，给油层补充能量开采石油称为二次采油；用化学的物质改善油、气、水及岩石相互之间的性能，开采出更多石油称为三次采油，包括化学采油、热能或地下爆破采油，又称提高采收率(EOR)方法;用微生物方法采油,提高采收率也可归属三次采油,也有人称之为四次采油。

(3) 石油加工炼制属于深加工业,加工炼制是通过蒸馏、裂化、焦化和精制流程,最终形成石油制成品的活动。主要加工方法是常减压蒸馏、裂化、延迟、焦化、油品精制。

(4) 储运,即储存与运输。石油储运属于服务业,储存是通过油库等方式,将原油或成品油暂时存放保管起来,用以运输或周转的活动。运输则是通过各种设施在空间上移动原油、天然气或成品油,用以加工炼制或供应、贸易的活动,主要设施有管道、铁路、水路。

(5) 石油供应和贸易则属于销售业。供应是将原油或成品油用于国内市场销售;贸易指原油或成品油用于国际市场或对外销售。可见,石油业构成石油从赋存资源到终端消费品的全部物质活动。

从勘探开发、加工炼制,到油品和石化产品销售,石油业具有较长的产业链条,不同的环节因经营规模不同也相差甚远。因此,石油业有上游产业与下游产业之分。

石油上游产业,指石油资源(包括天然气)的调查、勘探、开采及有关生产实践业务。石油下游产业,指原油开采出来后,诸如提炼、储运和销售等石油相关业务。相较于煤炭资源的开采,对石油资源的开采技术含量要求更高,投入的资金多、周期长,如果勘探或者开采不出石油,这些投资将会成为"沉没"成本。因此,进行石油勘探开采的组织一般都是规模大、资金雄厚、管理严格的大公司。石油业的规模效益使得当今石油公司兼并和重组潮流盛行,形成若干个超大型的跨国石油集团。目前,我国石油业上游的勘探开采业务,需要获得国土资源部颁发的特许勘探许可证和开采许可证,目前享有开采特权的只有中石油、中石化、中海油、延长石油等少数国有石油公司。

（二）石油法的特点及调整对象

对于"石油法"这一概念的使用，有广义和狭义之分。广义的石油法，泛指所有调整石油和天然气合理勘探、开采、加工炼制、储运、供应、贸易活动及其规制，保证石油和天然气安全、有效、持续供给的法律规范的总称。狭义的石油法，指调整石油合理勘探、开采、加工炼制、储运、供应、贸易活动及其规制，保证石油安全、有效、持续供给的法律规范的总称。狭义的石油法仅指石油法这部法典，本书所谓的石油法，是从狭义上进行阐述，不包括天然气法律规范的内容。

1. 石油法的特点

石油资源赋存的自然属性以及石油从资源到商品，在整个石油产业链中的特性，决定了石油法具有以下特点。

第一，石油法与《矿产资源法》存在竞合关系。石油业特别是石油勘探开采业，都属于矿业，其基本法律制度是根据矿产资源法建立起来的。《矿产资源法》是矿产资源领域中的基本法律，也是目前调整石油资源的基本法律。我国于1986年制定了《矿产资源法》，并于1996年进行修正。该法在总体上确立了矿产资源归国家所有；确立矿产资源勘查开采的登记审批制度、探矿权、采矿权有偿取得制度，以及矿产资源开采的许可证制度。在矿产资源勘查开采过程中，该法对资源环境的保护、安全生产要求等作出原则性规定。因此，石油法必须遵循《矿产资源法》的一般规定和基本制度，不仅可以避免法律冲突，有利于石油法的规范和制度建设，也可使石油业受到双重法律约束。

第二，石油法是特别法。强调石油法与《矿产资源法》共同规范石油业时，不必否定《矿产资源法》对石油业的规范。当《矿产资源法》未规定，或作出规定但对石油业不适用，或如果适用但会造成石油业停滞发展等无效率状态时，优先适用特别法，即石油法成为必须。

第三，石油法覆盖石油产业链的各个方面和全过程。石油业从资源到成品的生产和交易过程具有丰富内容,从勘探开采到加工炼制,从储运到供应、贸易、利用及其规制的每一个具体过程,都有确定的物质内容和利益关系,都属于石油法规范的内容。为了实现石油法立法目的,石油法的规范设计和制度安排必须覆盖石油业全过程。为此,石油法不仅要内部规范一致,制度协调,也要正确界定石油法与相关法的法律规范和制度关系。如协调与《土地管理法》《草原法》《森林法》《渔业法》《城乡规划法》的关系,使石油开发利用与这些资源开发利用相结合;协调与环境法的关系,在石油开发利用的同时,减少和防治环境污染的发生;协调与《公司法》的关系,使商业石油公司、炼厂和石油供应者在体现石油业特殊要求的同时,产权、组织行为更加规范;协调与税法的关系,使矿区使用费和石油税合理经济的同时,促进石油业的持续稳定。

2. 石油法的调整对象

法律是调整特定社会关系的行为规范。石油法以石油业为调整对象,但不是石油业的所有问题都需要通过石油法解决。技术、管理、具体政策和执法等问题,有的需要制定专门规章调整,有的需要根据实际情况进行具体问题具体解决,不宜纳入石油法的调整范围。石油法主要调整在石油勘探、开采、储运、炼制及销售等活动中发生的社会关系。这些社会关系从内部结构上来说,主要分为两类:纵向监管关系与横向协作关系。从参与主体来说,主要包括以下几类关系。

(1) 企业与国家的关系。一是国家作为石油资源的所有权人,与矿业权人在石油资源勘探开发上发生的民事关系;二是国家作为管理者,对整个石油业行使监管、调节和控制等发生的纵向管理关系。

(2) 企业与企业之间的关系。包括勘探开采企业与其他主体在投资及运作中产生的关系,以及产运销及炼制加工企业之间在生产运营中发生的关系。

(3) 企业与地方、社会之间的关系。主要包括石油开发利用中发生的石油企业与环境、城市规划、土地使用、油田保护等方面的

第四章 传统型能源及其法律体系化研究

相邻关系。从这些关系的内容方面来说,包括两类:第一类是石油开发利用关系。这种关系的内容是国家和石油企业支配石油资源及其产品,进行交易,排除他人干涉并获得石油均衡利益。石油开发利用关系贯穿于石油业的始终,是石油业最基本的内容,是石油法调整的重要部分。第二类是石油开发利用规制关系,是政府对石油业和其他事业主体进行规制。石油开发利用规制关系在石油业稳定和持续发展过程中具有决定意义,既是石油业发展的社会条件,又是石油业自身的结构基础,也是石油法调整的重要内容。从石油业的运行环节来说,这些关系包括石油勘探关系、石油开采关系、石油储运关系、石油炼制加工关系、石油销售关系、石油利用关系等。

二、实现石油法律体系的完善

实现石油法律体系的完善,不仅应加速石油法等基础性法律法规的制定,还要制定一系列相关配套的法律、法规,使之与石油基础性法律相互衔接。石油法律体系的基本构架为:以能源基本法能源法为基础性法律,以石油法、石油储备法、节约石油管理办法等一系列专门、专业性法律作为主干法,以《反垄断法》《公司法》等能够规制石油业管理的法律作为补充性法律规范。这样,层次分明、门类齐全的石油法律体系,才能有效保障我国石油业的蓬勃发展。此外,我国还需要制定一部系统调整石油勘探、开采、运输、储备、炼制、销售以及相关设施保护的石油法,这已成为一项急迫的任务。依据我国现存问题,石油法应规范石油资源的勘探开发、利用、销售和储备等各环节;应明确诸如石油资源所有权、石油销售市场的进入标准及审批程序、石油市场的公平竞争等问题。由于资源的稀缺性,还应通过节约石油管理办法促进节约用油、替代性措施的落实,把鼓励节油作为国家石油战略的重要组成部分。还要对同石油密切相关的汽车产业入手,鼓励和促进汽车厂家改进技术,生产高燃效汽车;鼓励消费者购买节油型汽车。总之,要提高公众的资源节约意识,形成像节约粮食和水一样节约油气资源的社会氛围。

为了更加有力地保障石油安全,除制定上述法律法规外,我国应尽快制定石油储备法,因为石油储备是稳定供求关系、平抑市场价格、应对突发事件、保障经济安全的有效手段。世界上的主要发达国家都有制定相关法律法规。此外,企业与经营者的能源储备设施须按国家要求进行,并在国家监管下进行能源存储,从而鼓励企业节约能源。

三、我国石油法立法框架与基本制度

我国现行的石油管理体制涵盖资源保护、资源发现与开发利用、行业准入、投资审批、资源价格、出让与转让,以及环境、安全等多方面内容,涉及的行业主管部门包括国家发展和改革委员会(含国家能源局)、国土资源部、商务部、财政部、环保部、国家税务总局、国家海洋局等,形成以《矿产资源法》为基础的法律法规体系,并作为石油上游产业管理的重要依据,采用法律、行政和经济手段相结合的管理方式,但尚未制定专门的石油行业基本法——石油法。

(一)石油法制定的立法需求

目前,我国尚未制定石油法,而市场经济条件下发展石油业的前提之一,是营造法律环境。为了促进石油业的快速发展,保护国家资源所有权和矿业权人的合法权益,保障国家石油安全,促进石油资源的科学开发和合理利用,建立与市场经济相适应的石油产业格局,鼓励有序竞争,健全石油业管理机构;加强勘探开发,实现石油业上下游协调发展,建立稳定的石油储备和供应体系,制定一部综合性的石油法典,形成以石油法为主干的石油法律体系十分必要[1]。

---

[1] 史丹,冯永晟,李雪慧.深化中国能源管理体制改革——问题、目标、思路与改革重点[J].中国能源,2013,35(01):6-11.

第一,石油法是石油资源重要性的要求。石油是最重要的能源之一,对国民经济的发展具有极其重要的作用。与石油资源的重要性相比较,我国在石油业方面的法律规范相对滞后,有必要加强石油方面的法律规定,制定一部该领域的基本法。

第二,规范石油市场主体资格、确定经营主体法律地位的需要。通过制定石油法,可以规范石油市场准入和经营权问题。石油是不可再生资源,石油业具有高投资、高技术、高利润、高风险的特点,在市场经济体制下,石油勘探开发既不能沿袭原有的垄断经营体制,又不能完全自由竞争。因此,什么样的企业有资格从事勘探开发等经营活动,需要通过立法做出规定,以优化市场主体制度。

第三,规范石油资源分配,解决市场合理配置和市场运作问题的需要。在市场经济体制下,国家作为石油资源所有权和社会管理的主体,通过立法建立竞争机制,有偿授予企业探矿权和采矿权,使企业在统一准则下实现平等竞争,从而实现资源的优化配置,提高配置效率。同时,依法界定国家与企业在石油资源开发利用中形成的权利与义务关系,规范政府行为与企业行为,保障石油勘探开发市场的有效运作。

第四,健全政府监管机制,解决依法调控问题的需要。石油资源的生产和供应,关系国民经济的发展和国家安全。通过制定石油法,以规范政府职能,加强对石油业的监督管理,有利于促进石油企业的安全生产、环境保护,维护社会公共利益,促进石油资源开发与环境保护的协调发展,实现资源开发与环境改善、社会发展的良性循环。此外,明确政府对石油行业监管的权责、方式和程序,强化监管职能,也有利于形成政府宏观调控与市场配置资源相结合的机制,促进石油资源市场的公平竞争,推动石油工业健康、持续、长远发展。

第五,健全和完善我国石油法律体系的需要。目前,我国石油立法尚不健全,没有形成完整的石油法律体系,为此必须加强石油立法工作。一是要制定石油法作为《矿产资源法》和能源法的特别法,主要调整石油勘探、开发、储运、销售等活动中发生的国家与企业、企业与企业、企业与社会之间的法律关系。二是石油专业性的法律法规应以石油法为依据,主要调整某一专业领域的法律问题,如石油管道法规、石油产品管理法规、石油生产环境法规、石油生产安全法规、石油建设用地法规以及石油税收法规等。三是依据石油法,由国务院石油业主管部门和有关部门制定管理石油工业的章程和办法。可见,石油法律法规体系的形成与完善,首要任务是制定石油法。

第六,石油业对外开放的需要。我国石油业的两个对外合作条例中,国内企业要"走出去"受到一定限制。我国在保障国内企业参与国际市场竞争方面的立法尚属空白,不利于与国际市场的接轨。这些问题有待于在石油法中得到明确规定。

第七,维护我国石油安全的需要。在我国现有的石油资源法律制度中,有部分基本制度没有涉及,比如石油储备制度、石油安全预警制度等,这些制度的欠缺,使我国石油风险承担和抵御能力相对较小,无法适应风云变幻的国际政治经济形势和飘忽不定的国际油价,不利于我国石油安全的维护。制定石油法,完善石油资源各项基本制度,无疑为我国石油安全设立了一道强而有力的保护屏障。

(二)石油法的法律框架

法律框架结构作为法律的表现形式,应当与基本法律制度相统一,并符合立法逻辑要求。石油法的框架是石油法律规范和法律制度的逻辑结构和形式,从各国石油法框架和内容来看:现代石油法的形成和变迁,与石油生产和使用有关,与石油的战略认识有关。

现代石油法可以分为五类:石油勘探和生产法,石油加工炼制、供应、进出口法,石油政策法,石油管道法,石油公司法。每一类石油法都有特殊功能及形成和变迁的动因。

石油法是产业法,石油业的产运销各个环节既自成体系,又紧密联系。据此,石油法框架和内容可分为以下几个部分。①总则。规定立法宗旨和根据;适用范围;石油资源所有权和矿业权;石油工业发展方针;国家鼓励投资的原则;国家鼓励外商投资和管理的原则;国家鼓励国内企业跨国经营的原则;石油企业税费制度;国务院石油主管部门的职责;国家石油公司的法律地位和职责;有关法律专业术语的含义;保护油田的责任;法律效力及与其他法的关系。②石油勘探。规定标准区块的划定;勘探招标;勘探企业的资格审查;勘探合同和探矿权人的权利义务;国家鼓励风险勘探的措施;勘探资料的归属、保护、转让及管理;勘探环境保护;勘探作业损害补偿;储量申报与评估;资源战略储备;资源管理与分配原则。③石油开采。规定开采许可制度;采矿合同和采矿权人的权利义务;油田建设与城市规划、土地利用规划的关系;合作开采油田及控股;合理开采石油资源;矿区使用费;生产安全与环境保护;油质鉴定与计量;国家鼓励中后期油田和边际油田的措施;油田终止开采及善后处理。④石油储运。规定管道、站库的统一规划与管理;管道建设工程与其他工程的关系处理;管道运营的监理;管道企业与生产、加工企业的关系(合同制)。⑤石油加工炼制。规定加工企业的布局;加工企业设立的审批及生产许可;石油生产计划;炼制设备和技术;加工炼制涉及的环境与安全;禁止小炼厂、土炼炉的规定;国家鼓励深加工的措施;制成品质量责任和监督检查。⑥石油供应与贸易。规定供应与进出口业许可和计划;定向供应的制订和指导;国家对石油进出口的管理;油品价格管制和监督检查;石油储备。⑦石油利用。规定节约用油;限制运油和监督检查。⑧油田保护。规定油田保护的范围;油田保护的主要措施;油田企业对保护油田的责任;地方政府保护油田的责任。⑨石油公司。规定国家石油公司和商业石油公司的地位、组织、资本、经营范围。⑩法律责任。违反石油法律法规者承担的后果。

一部完整的石油法,原则上应该涵盖石油业的上下游、内外贸、产销等产业链的全部内容,保证石油业形成一个有机整体,在法制轨道上运行；在表现形式上，可吸取国外经验，在总体框架下，可制定若干个专业性法规作为支撑。因此，有学者根据石油产业链的特点，建议石油法框架与内容划分为上游业务与下游业务，如上游业务包括矿权管理；国家对石油工业的控制权及参与权；财税制度；石油作业的附加权利（即对土地等资产拥有临时占用权或使用权）；HSE体系，即健康、安全和环境体系；石油企业的国内供应义务。下游业务包括石油的炼制、进出口、运输、销售等；还包括石油的过渡安排和石油储备；对石油消费者的权益保护，违反石油法者的法律责任等。

（三）石油法的基本制度

石油法的基本制度是石油法的制度结构，是作为石油法律制度基础和带有决定意义的法律制度，是各国石油法都应选择和确立的法律制度。因此，石油法的基本法律制度主要包括以下几点。

1. 石油资源权属制度

石油资源所有权是所有人依法对石油资源占有、使用、收益和最终处分的权利。石油资源所有权是石油业产权的基础和核心。在我国，国家是石油资源所有权人，并且是其唯一主体。国务院代表国家行使石油资源所有权。石油矿业权是探矿权人和采矿权人依法在划定的区域范围内，对国家所有的石油资源进行勘探、开采，排除他人干涉并获得原油的权利。石油矿业权的特点是非所有权人支配石油资源从事勘探、开采活动，其性质属于准物权。因此，石油矿业权的取得必须通过竞争方式，并经过政府审查与许可。国家作为石油资源的所有权人，可以引入招投标和谈判等机制，择优选择探矿权人和采矿权人，在公平竞争基础上，实现矿业权的合理分配；矿业权人对已取得的石油资料或成果，可以依法有条件地实行转让。

2. 石油资源经营主体制度

从我国石油工业实际出发，借鉴发展中国家的通行做法，在主体制度中应特别突出国家石油公司职能和在实施国家石油政策方面的工具作用。国有石油公司可以根据国家石油供求战略,组织和管理所属子公司、分公司的勘探开发业务,统一经营和组织石油储运和销售,保障石油供应;经国家授权,组织招标和谈判,并与社会各方面投资者签订勘探开发石油资源合同,实行控股经营,以保障合理开采石油资源;统一经营石油对外合作业务,规划和组织跨国石油经营业务。

3. 石油合同制度

按照市场配置资源机制,合同应当成为石油资源使用和石油作业的重要维系纽带,也是规范作业主体的主要法律形式。合同性质大体上分为三类:石油资源使用合同;合资、合作开采石油合同;专业服务或劳动服务合同。在勘探阶段,合同应当规定勘探期限、最低业务工作量和合同区块面积撤销的内容;在开采阶段,按产量阶梯向国家缴纳矿区使用费,并按国家规定的作业规程,合理开采石油资源;在利益分配和产品管理上,按国家规定缴纳税费,接受国家对石油产品的统一配置。同时,合同对国有石油公司参股、控股中的权利义务也应做出相应规定。

4. 石油勘探开发专项基金制度

石油勘探开发专项基金制度是政府依法设立专项资金,经政府特许,专用于石油勘探与开发活动,促进石油业发展的财政支持制度。石油具有埋藏深、成矿条件复杂、勘探风险大的特点,石油开采又有随地层压力减少而造成产量递减的自然规律,如果没有应有的激励和保障机制,难以吸引企业进行风险勘探,发现并增加后备储量,也不能实现油田的稳产增产,从而使石油供应难以形成良性循环机制。从保护石油资源和保障后续资源的可持续利用方面,要以法律手段引导企业克服"重采轻探""重产量轻质量"而导致"破坏性"开采的行为。因此,石油法应当建立石油勘探和开发的专项基金,从制度上保障必要的资金投入:①国家勘探基金制度,主要用于风险投资和有条件地补偿风险勘探中的沉没部分,并允许石油企业用沉没的资金抵免勘探税费,允许其从其他区块收益中补偿已发生的风险投资。②老油田维护制度。对进入二次和三次采油的油田,从资金上保证其技术改造和扩大再生产的投入。③油田开采补贴制度,对边际油田和小油田,国家给予资金补贴,鼓励油田企业合理有效地开采利用。

5. 石油税费制度

我国建立的石油税费制度要与国际接轨,还要考虑我国的现实情况,建立合理的石油税费制度。该项制度立足于对税费的规范和对石油产业的扶持,主要内容包括:①按照国际惯例,建立矿区使用费制度;②对风险勘探以及老油田开发减免税费制度,运用税收的杠杆作用,促进产业发展;③法定税费制度,明确石油企业只缴纳国家法定税费,避免地方滥收费。

6. 石油储运和销售制度

石油储运与销售是石油生产的延续,是不可分割的整体,储运和销售任何一个环节出现障碍,都会造成生产和供应中断的严重后果。这项制度的主要内容是对管道、站库等储运设施的建设实行统一规划,集中管理;在国家对石油产品统一配置的基础上,设定石油供应的合同管理制度,合同界定产运销之间的权利义务关系,保障石油生产正常进行,进而顺利实现国家统一配置资源的宏观调控措施。

7. 石油战略储备制度

石油战略储备制度是政府依法储备一定数量的石油资源和成品油,非经特许不得开发和使用的制度。石油战略储备旨在保证石油的安全供给和应付突发事件,是保障石油供应的主要手段之一。借鉴国际上的通行做法,我国应当通过立法建立石油战略储备制度,主要包括战略性石油储备和临时性原油、成品油储备,以保障各种应急需要。

8. 石油作业安全和环境保护制度

石油是易燃易爆产品,也是高污染产业,石油作业应当有严格的安全规范和环境保护规范。安全方面,石油法主要应对勘探开发作业、油田和储运设施建设和运营等作出原则性规定,以便据此另行制定专门法规。环境保护除适用现行环境立法外,还应对石油工业的实际加以规定,并注意与相关法规在体系和内容上的衔接。

9. 跨国投资和进出口贸易制度

鼓励国内企业参与国际市场竞争,包括石油资源勘探开发和技术服务。在审批程序、设备进出口以及国外生产原油进口等方面,为国内企业跨国经营提供更为宽松的法律环境,以适应国际市场不断变化的需要。石油产品的进出口应当由国家统一管理,但在经营上应当克服计划经济体制下生产企业与外贸企业脱节的弊端,通过完善代理制和国家石油公司自营的体制,使原油出口与设备、技术引进等贸易紧密结合,以实现优惠贸易条件,使原油出口带来更大的经济效益。

10. 油田保护制度

基于油田企业的特殊环境和石油在国民经济中的特殊地位,对采矿权和作业秩序应当实行特殊保护。通过立法,科学界定地方政府在开采石油中的权利和义务,强化其保护油田的义务和责任。同时,建立强有力的专业执法系统,加强石油专业执法,使石油资源和油田秩序得到有效保护。

11. 政府监督管理制度

按照市场经济体制要求,政府主要对石油业实行宏观管理和执法监督。这项制度的主要内容包括制定石油业的发展战略和政策;制定有关石油作业的条例和规章;对石油作业实施管理,并进行执法监督;审批石油合同;协调解决石油作业中发生的争议和纠纷;协调石油企业与地方政府的关系。

第二节 天然气类法律制度体系完善

天然气是一种清洁、高效的能源,对于缓解能源短缺和环境污染具有重要作用,备受世界各国青睐,在世界能源消费结构中占有重要地位。我国能源需求较大,促进和保障天然气行业健康发展,能够有效应对能源供应安全危机和环境污染问题。

长期以来,我国的天然气资源勘探开发力度较弱,产、储量较低,没有形成产业规模。近年来,随着市场经济体制和能源体制改革,使得我国天然气生产和消费快速增长,而天然气立法明显不足,面临各种问题和挑战,亟待立法予以规制。

一、天然气与天然气法认知

天然气在我国能源消费结构中十分重要。近年来,天然气的消费增长较快,在当前气候变化问题和能源安全隐患凸显的情况下,大力发展天然气是比较有效且现实的应对措施,提高天然气在能源供应结构中的比重,对于减缓碳排放、改善环境、提高居民生活水平具有重要意义。

(一) 天然气及其产业概况

天然气有广义与狭义之分。从字面上理解,天然气指自然界中一切天然生成的各种气体的混合物,这是天然气的广义解释。如果从能源的角度来说,天然气指贮存于地层无色无味的一种可燃性气体,即气态化石燃料,这是天然气的狭义解释。天然气的主要成分中,85%～95%为甲烷,比重轻于空气,极易挥发,并在空气中迅速扩散。此外,根据不同的地质形成条件,天然气还含有不同数量的乙烷、丙烷、丁烷、戊烷等低碳烷烃以及二氧化碳、氮气等,与石油共生的天然气常称为油田伴生气。

天然气属于可燃可爆性气体,天然气与空气混合浓度为5%～15%时,遇明火或者大于天然气燃点530℃时即燃烧。目前,天然气的利用形态主要有两种,即气态和液态。气态主要有管输天然气和压缩天然气(CNG)。天然气在-162℃常压下可液化,称为液化天然气(LNG),液化后体积缩小到1/600。液态以液化天然气为典型代表,还有近年来开始受到人们关注的天然气合成油(GTL)。今后在利用天然气的过程中,必将是两种形态并存,但目前应用比较广泛的还是管道天然气和LNG。

1. 天然气的主要特点

天然气作为能源利用,具有以下特点。

(1) 天然气是清洁能源。天然气的燃烧产物主要是二氧化碳和水,与其他燃料相比,不含硫、粉尘和其他有害物质,产生单位热量放出的温室气体二氧化硫只有煤炭的一半,比石油还少1/3。可见,天然气作为燃料可以明显减少污染,环境效益优越,是环境保护的首选燃料。可以说,天然气的清洁特性是其主要优势。

(2) 天然气是安全能源。天然气成分中不含一氧化碳,可以减少因泄漏对人畜造成的危害;同时,天然气着火温度高,爆炸界限窄,安全性好。

(3) 天然气资源丰富。天然气与石油相比,其探明的可采储量接近,但是天然气资源更丰富,采出程度低,接替率高,可采年限长,显示出天然气资源的巨大潜力,而且天然气资源的勘探开发成本比石油低。

(4) 天然气使用方便。天然气在燃烧前和燃烧后只需要进行最低程度处理,不像石油需集中炼油厂加工处理,也不像煤炭燃烧后留下大量煤灰、煤渣。

(5) 天然气有较大的综合经济效益。天然气热值高,燃气联合循环发电的效率可达60%(常规煤的效率只有38%～40%),造价只为常规煤电的1/2～2/3。天然气用作化工原料,工艺简单,转换效率高,能耗低,投资少,易实现清洁生产。因此,世界上在石油化工(氨或甲醇)、锅炉燃料以及发电方面,天然气的使用量已超过石油。

(6) 天然气价格具有竞争力。国外管输天然气的价格比石油低,欧洲市场上气价为油价的80%～90%,美国气价更低,也是天然气发展速度快的一个原因。天然气不论在消费量的增长速度还是在能源结构所占比例的增加程度方面,都比石油高。此外,天然气含碳量低,符合能源非碳化发展的时代潮流,正处于新的发展时期,并在今后四五十年内将取代石油成为主要能源。

2. 天然气工业概述

天然气田蕴藏在地层内，从气田开采出来要经过处理、液化、储运、接收和再汽化等环节，最终送至终端用户。自20世纪20年代以来，天然气工业首先在美国和欧洲发展，1925年美国铺设了第一条天然气长输管道（路易斯安那州北部至得克萨斯州博芒特市），成为天然气现代工业利用的标志，不仅把天然气作为商品大量推向市场，而且促进天然气的化工利用，开创天然气利用的新时代。当前，随着世界经济的发展，石油危机的冲击和煤、石油带来的环境污染日趋严重，而天然气是清洁优质的燃料和化学工业的重要原料。因此，世界上越来越多的国家开始重视天然气资源的利用，天然气与煤、石油一起成为目前世界能源供应的三大支柱。

3. 我国天然气市场发展

近年来，国内天然气市场发生翻天覆地的变化。随着我国积极调整能源结构，加大燃气开发利用领域的对外开放力度，一些大型战略性项目开始逐步对外资开放。国外跨国石油石化公司凭借资金、技术、营销等方面的优势，纷纷进军中国市场，并且跨国公司之间竞争的国际化已转为国内化，如埃克森美孚、壳牌、BP，通过与中国企业合作成立成品油销售公司，开始在我国东南沿海地区展开油品分销市场的争夺战，在天然气方面积极参与政府基础项目和市场的基础开拓。其中，2004年是一个分界点，举世瞩目的"西气东输"工程建成投产，这条线路把西部丰富的天然气资源输送到东部最发达地区，成功实现资源与市场的对接。从"以销定产"到"以产定销"，从买方市场到卖方市场，我国天然气市场发生巨变，从目前现状来看，天然气产业的健康发展，必然要求上游的开发、中游的管线、下游的工业和民用用户建设基本同步进行，而我国天然气管道和存储行业也正经历着快速发展的过程。未来，我国天然气需求增长速度将明显超过煤炭和石油。

（二）天然气法认知

天然气法指调整人们在天然气的勘探、开采、储运、分销、消费等过程中形成的社会关系的法律规范的总称。

天然气法的调整对象是人们在天然气勘探、开采、储运、分销、消费等过程中形成的社会关系。天然气法调整的社会关系，按照天然气行业的产业链可分为两大类：第一类是天然气行业上游领域的社会关系，如天然气资源的勘探关系与开采关系；第二类是天然气行业下游领域的社会关系，如天然气储运关系、分销关系、消费关系、竞争关系等。天然气储运关系包括天然气管网运输关系。天然气管网运输也可单独列为天然气的中游领域，这里将其归于天然气下游领域之列一并阐述。

天然气法的调整对象按照其内部结构，又可分为天然气行业纵向的监管关系和天然气公司企业与终端客户、消费者之间的利用消费关系，以及它们相互之间横向的经营协作关系。前者包括作为天然气资源所有者代表的政府监管机构与相关部门、天然气公司企业之间因监管发生的权利义务关系，包括国家与天然气公司企业在天然气收益上的分配关系，以期确定天然气政府主管和相关部门的职责、地位、监管原则、运行机制、天然气运营模式，以及确定天然气市场准入规则、天然气定价机制和管输费确定的原则、管道建设及运营的审批、对外合作模式及领域的规定等；后者包括天然气生产企业、管道公司、配送公司、销售公司等相互之间形成的权利义务关系，以及天然气供应合同关系，以期确定这些主体的法律地位、运营资格、管线施工、设备维护、安全保障、容量买卖、消费者权益保护等。

天然气法应该妥善处理与协调天然气产业链各环节经营者和投资者的利益关系。天然气工业的价值链是由天然气的勘探开采、储运、分销和消费四个环节构成，天然气法能否理顺与平衡四个环节之间的利益，是整个天然气行业能否顺利发展的关键。因此，通过完善的天然气法律法规与政策，构建合理的天然气价格结构，制定与国际惯例相一致、以风险共担为原则的照付不议合同，建立合理的风险共担机制，已成为我国各天然气项目能否顺利实施的当务之急。

我国天然气管网长途输送和城市配气系统还处于发展阶段，这个特点决定了我国天然气法必须对天然气管网的建设和保护，以及城市天然气商品的供应和分配予以重点关注与调整。处理好这些关系，还必须充分发挥天然气行业协会的协调能力，以及在技术和管理方面的研究、培训与交流作用。

二、我国天然气法立法模式与法律框架

我国天然气市场刚刚起步，天然气立法应充分关注天然气供需失衡的严峻形势，清晰地界定我国天然气发展战略，维护独立、公开、透明的监管原则，既要规范天然气国内市场，也要对天然气市场的对外开放进行规制，覆盖天然气从勘探开采到销售的全部环节。

（一）天然气法的立法模式

目前，我国天然气立法需要解决的问题是，天然气与石油行业是单独进行各自立法，还是两者联合进行立法，制定一部单行的石油天然气法，其中涉及天然气立法模式的选择问题。如此前所述，国外对石油和天然气领域的立法主要有三种模式：一是对不同专业领域分别立法，如美国、加拿大和英国等。二是上下游分开立法，如日本、韩国和印度等。三是全行业统一立法，如巴西、印度尼西亚和委内瑞拉等。有学者认为考虑到我国石油天然气行业混合经营的现状以及历来的立法传统，为了追求内在法律精神的统一，促进石油天然气行业协调发展，建议我国借鉴第三种模式，实行石油天然气统一立法。这种模式的特点是，石油与天然气两个行业共同适用一个基本法律——石油天然气法，该基本法律涵盖石油与天然气的勘探开发、炼制、运输、进出口和销售等所有领域。通过制定涵盖全行业的石油天然气法，有利于设定石油天然气行业的基本运营规则，对该领域内行业管理体制、上游业务和下游业务等作出统一界定。其中，上游业务涉及石油天然气资源的矿权管理、投资准入、国内供应、安全环保义务等；下游业务涉及石油天然气行业的炼化、销售环节的经营准入资格管理，油品质量，经营行

第四章　传统型能源及其法律体系化研究

为及定价机制等。

在我国,天然气和石油两个行业的上游领域应统一起来进行立法,对二者的下游领域应分别进行立法。这是因为我国一直把天然气和石油列为特殊矿产资源,和金属矿等其他矿产一起受《矿产资源法》及其有关配套法规的调整。从我国天然气储存的原始状态来看,石油天然气伴生现象较多,因此,在油气上游领域比较适合油气一体化的立法模式。另外,天然气在我国一次性能源结构中所占比例极低,一直没有引起立法部门的重视,而天然气上下游领域生产经营的性质有很大差别,监管内容和手段也截然不同,因此,天然气立法的适用范围可确定为天然气的中、下游领域,即由净化厂出厂处开始,包括天然气的长距离运输、城市配气、储存以及销售等生产经营活动。再者,现行的法律法规基本上能够满足天然气上游领域目前生产经营的需要,如果综合现行的天然气下游领域的法律规章与政策,制定一部统一对天然气中下游领域起作用的天然气法,也可以节省立法成本,提高立法效率。此外,应在法律中明确天然气指以甲烷为主要成分的天然生成的气体,还包括煤层气以及其他非常规天然气。

我们可以把统一规范天然气和石油两个行业上游领域的立法文件称为石油天然气法,也可以称为石油天然气勘探和生产法。例如,在日本,上游领域主要适用石油天然气资源开发法,规定石油天然气资源开采的批准程序,推动勘探开发活动,还有1994年乌克兰的《石油勘探、生产许可证法》、1991年波兰的《石油勘探和生产法》等也是如此。把石油、天然气行业下游领域分别进行立法的成果称为石油利用法与天然气利用法,也可分别称为石油供应法与天然气供应法,并且明确其适用范围仅是行业的整个下游领域。2007年8月30日由国家发展和改革委员会印发的《天然气利用政策》,是专门针对天然气下游领域的规范性政策文件,可以视为我国今后天然气利用法的雏形。

(二)天然气法律框架体系

目前,我国迫切需要建立一个天然气的法律法规体系,为天然气工业发展提供一个清晰的法律表述,并为天然气工业运作设定基本规则。国际惯例表明,在天然气工业发达的国家中,在市场开发的初期阶段都制定了一个或数个天然气法规。

如前所述,根据天然气工业的特殊性,该天然气基本法主要包括天然气业务的中游和下游部分,整理归纳不同参与方的职能、权利和义务以及该工业的监管原则,以此减少利益冲突并为所有参与方提供一个公平竞争的环境,为短期天然气市场开发活动提供法律基础。如天然气合同协商和执行,应从国家电力法制定中汲取教训,避免天然气法律中因没有足够的灵活度而无法适应市场中期和长期变化。

从法律结构看,中国天然气法规应该以《中华人民共和国石油天然气管道保护法》为母法,继而形成层次分明的天然气法规体系。第一层次:天然气法将国家对石油天然气管理的基本方针、政策条文化、规范化,对石油天然气管理中的重大问题进行确认。第二层次:根据石油天然气基本法制定天然气管理的办法、条例,属于行业部门执行法规,现已制定如《中华人民共和国对外合作开采陆上石油资源条例》《中华人民共和国石油天然气管道保护条例》等,还需要制定油气田管理保护条例、天然气商品量及市场管理办法等。第三层次:根据石油天然气行业部门管理法规制定配套的各地方管理实施细则,属执行性地方管理法规文件,对行业部门的法规作出具体实施规定和要求,从而保证国家法规的权威性、统一性,又具灵活性、可操作性。目前,一些有石油天然气资源的省份急需制定地方的实施细则,以加强探矿、采矿权的管理。

(三)天然气立法的内容

天然气法应包括以下内容:各级政府的职责,政府监管机构的组织、地位、权利、义务、财务、监管原则和运行机制等,天然气运输管理模式和运行机制,天然气生产企业、管道公司、配送公司、销售公司的地位、资格、权利和义务,天然气和管输费确定的原则和定价机制,管道建设及运营的审批、施工、维护、安全保障、第三方准入、容量买卖等,对外合作的模式及领域,消费者权益保护,HSE(健康安全环境),天然气进出口,违法处置等。

1. 天然气发展战略与政策

天然气是战略性资源,是 21 世纪的重要能源。我国天然气储量及产量占世界的比例偏低,然而消耗量及进口量却高居全球前列,随着我国经济的高速发展,天然气供需失衡的形势将不断加剧。所以,我国天然气法律法规应充分关注天然气供应的严峻态势,以法律清晰地界定我国天然气发展战略,阐明国家对天然气行业发展的总体方针和政策,政府规制该行业的基本原则,特别是阐明该行业的市场开放政策。此外,还应阐明法律所采取的基本模式,并在法律规范内容上明确规定,珍惜、集约地利用现有资源,充分利用现代科技手段提高天然气勘探和开采水平,努力提高天然气利用效率,也是我国天然气法立法的主旨之一。

2. 天然气行业监管体制

天然气法应当阐明建立天然气监管机构的原则、性质、隶属关系、职能、组织结构(包括地方监管机构的组成,中央监管和地方监管职能的划分)及人员选配程序、经费来源、决策程序、所应遵循的监管原则和所采取的监管技术,以及对监管机构的监管等,阐明天然气下游领域监管政策与天然气上游领域和其他能源行业监管政策的关系。

独立监管是现代监管制度的一项重要原则,国外天然气法主要规定适用独立的监管体制,即要求政策的制定职能与监管职能相分离。这种结构分离的必要性,并非指独立的监管机构不受政府政策的约束,而是指能够独立地执行监管政策,可不受利益相关方干扰。

独立监管的意义在于:第一,便于归口管理,提高管理效率。第二,能够确保监管部门公正、公平地执行监管政策,不受外来压力干扰。天然气的管理部门与监管部门相互分立是欧美国家的普遍做法。在这些国家,无论是单独设立的还是隶属政策部门的监管机构,都具备充分的独立性。为了保持独立性,国家以立法形式明确其职能及与其他行政机构的关系。为了确保监管机构不受任何外来因素影响,各国天然气法律还对监管机构官员独立、公正地执行监管政策的条件作出规定,要求监管部门的官员不得与任何天然气企业有任何直接或间接的从属关系。对此,我国天然气立法应该吸收国外监管体制的成熟经验。

3. 天然气从业主体资格

为了保障天然气行业稳健运营,我国天然气立法应对天然气行业的从业主体作出合理限定,设置必要的准入条件。实际立法时,对于攸关国家能源安全大局的上游勘探开发、天然气管道投资建设、天然气商品的进出口贸易等业务,应限制外资进入,仅对国有经营单位及符合资质条件的民营企业开放,并接受监管部门的全程监管;对于一般的下游业务,应规定天然气下游市场的准入条件和从事天然气下游业务的企业所应具备的资质,如加工炼制、配送销售、其他相关服务等,可允许国有、外资、民营等各类经营主体平等介入竞争。当然,这些经营主体在资质上也必须符合监管部门设定的具体要求,并在开业及经营过程中向监管部门报备登记。此外,天然气立法应确保所有有资质的市场参与者在非歧视原则下获得管道公开准入权利,并制定天然气运输、配送企业应该遵守的行为规范。

4. 天然气勘探与开采

天然气立法应该规定勘探规划和生产开发规划。

(1) 应对天然气勘探与生产开发规划的编制机构、权限、依据和政策优惠措施作出规定,并纳入国民经济和社会发展规划。

(2) 应规定天然气资源勘探登记和开采审批。天然气法应对天然气勘探的区块登记制度,申请勘探天然气的条件,勘探权的取得、转让,勘探报告的审批和申请开采天然气的条件,开采权取得、转让等制度作出明确规定。

(3) 天然气法要对天然气的勘探范围、区域矿产综合评价、勘探资料的保护、保存和有偿使用等制度进行规范。

(4) 天然气立法应规定天然气生产的具体要求。应当规定采气的范围、用地、环保要求、工艺和设计要求制度，天然气生产许可证的申请与取得条件，生产许可证的监管制度，天然气生产中的保护性开采要求、生产要求、用地补偿、气井的关闭及报废、安全生产制度、劳动保护制度等。

5. 天然气输送和销售

天然气输送和销售的内容包括输送天然气的条件、输送许可证的申请与取得、输送范围、输送生产许可证制度、安全生产、输送收费、天然气管道设施的范围、安全保护、监管机构、法律地位、管道企业的权利义务、用地权、管道路由权处理的基本原则等。

在天然气销售方面，天然气法应规定生产企业的销售权、设立天然气销售企业的条件、天然气销售许可证制度、销售范围、安全生产、依法经营、商品气分配管理体制、商品气计划的制订和实施、供气质量规定、环保、计量、供气价格、供用气合同和城市燃气管理等。此外，天然气长距离运输管道和城市配气管网的建设投资巨大，具有较强的规模经济特点，新设施的建设只有在已有设施能力充分利用的情况下才能被允许。因此，天然气法需要对天然气下游开发和城市配气管网建设规定适当的条件。

6. 天然气企业的社会责任

在市场经济条件下，经过行政程序许可准入运营的天然气企业，首要的身份是营利性组织。然而，作为经营领域关乎国家经济安全的天然气企业，应意识到自身是一个"社会人"，而非仅以利润最大化为目标的"经济人"，必须尽到与其角色相匹配的社会责任。为此，在我国天然气立法时应对此作出规定，并结合天然气企业的特性，着重规定两项内容：一是规定天然气企业对用户负有安全、稳定提供各类天然气产品的义务，禁止其利用垄断优势及国际市场波动，擅自哄抬天然气价格或囤货减少供应，从而引发社会恐慌，损害社会经济之稳定运行；二是规定天然气企业的环境保护义务,要求其依法进行环境影响评价,广泛推行可持续生产方式,充分利用科技手段和管理手段进行节能减排,努力提升资源综合利用率。

7. 天然气储备

21世纪,能源安全是国家安全的重要基础。能源安全涉及众多方面,但尤为重要的一环是油气安全。为了防范突发风险,确保在非常时期天然气的应急供应,必须建立起国家天然气储备制度。相应地,立法上也应作出明确规定。因此,我国天然气法应对天然气储备规定如下内容:储备的监管主体和实施主体、天然气企业的储备义务、储备的量化指标、储备资金的归集、储备的动用及应急机制、与其他国家和国际组织在储备方面的合作等。

8. 对外天然气合作

在对外天然气合作方面,天然气立法要规定对外天然气合作的法律运用、保护外国投资规定、征收规定、合作规划的规定、中方合作企业的条件规定、对外合作合同的签订和审批、合作前的勘探活动的处理、合作开采应遵循的原则、纳税义务、进口设备的优惠等。此外,外国企业的投资回报、利润处理、外汇处理、向中方企业提供资料、投资期满后的资产归属、天然气作业制度、土地使用、作业资料权属和争议解决制度等也应加以规定。海外油气投资开发在我国21世纪能源安全战略中具有重要地位,我国天然气法还有必要对之加以规范调整。国家对天然气海外投资开发的政策取向、天然气海外投资的监管体制、对国内的供应义务、保障本国能源安全、国家的扶持措施、对外天然气合作等内容,都应作出明确的法律规定。

9. 法律责任

为了确保天然气法真正得到遵守执行,应对相应的法律责任作出详细规定。具体来说,该部分规定从天然气的勘探、生产、输送、销售、对外合作至管道设施保护中各种违法行为的法律责任和追究机构,规定天然气经营者不服处罚的救济制度和天然气勘探、开采争议的裁决制度,为天然气法的实施提供法律保障。针对违反天然气法律法规行为的性质和严重程度,分别规定民事法律责任、行政法律责任和刑事法律责任。

第三节 煤炭法律制度体系完善

煤炭行业是我国重要的基础产业,煤炭产业的可持续发展关系到国民经济健康发展和国家能源安全。因此,煤炭能源立法具有特殊的重要性。

一、我国的煤炭立法

煤炭法是关于煤炭资源开发利用及其规制,用以保证煤炭资源合理开发有效利用,安排煤炭业有序和健康发展,达到原煤和成品煤安全供给的法律规范的总称。

煤炭法的调整对象可以分为两类:①煤炭开发利用规制关系。煤炭开发利用规制关系是煤炭业稳定和健康发展的条件,是煤炭业的有机组成部分,是煤炭法调整的重要方面,是煤炭法调整的基本社会关系。②煤炭开发利用关系的内容是国家和开发利用者支配煤炭资源及其产品进行交易,排除他人干涉和获得煤炭业均衡利益。煤炭开发利用关系是煤炭业存在和发展的基础,是煤炭业主要物质内容,也是煤炭法调整的重要和基本部分。

(一)我国煤炭立法的意义

煤炭是地球上储量最丰富、分布地域最广的化石能源,被誉为"工业的粮食",至今煤炭资源仍然是钢铁、电力等工业部门的重要原料和燃料。"煤炭是我国的基础能源和重要原料。煤炭工业是关系国家经济学命脉和能源安全的重要基础产业。在我国一次能源结构中,煤炭将是长期的主体能源。"我国有13个大型煤炭基地:神东、陕北、晋北、晋东、晋中、鲁西、两淮、冀中、河南、蒙东(东北)、黄陇、云贵和宁东大型煤炭基地。通过企业兼并和重组,形成若干产能亿吨级的大型企业集团。煤炭是我国的主体能源,在一次能源结构中约占 70%,比世界平均水平高出约 40 个百分点。在未来相当长的时期内,煤炭作为主体能源的地位不会改变。

(二)中国的煤炭法规体系

中国煤炭资源的开发利用已有几千年的历史,作为矿业的煤炭业也有几百年历史,当代已形成一整套煤炭科学技术理论和作业、操作安全规程。中华人民共和国成立后,政府及其有关部门颁布了一千余个规范性文件,专门对煤炭业进行规范,为煤炭业在计划经济条件下稳定、有序地发展奠定了基础。其中,大部分因时代条件变化或与现行法律冲突已不适用,但有一部分特别是技术性规范,仍是政府规制及煤炭企业组织生产和经营的准则。

中国的煤炭法规体系:国务院制定的行政法规主要有《乡镇煤矿管理条例》(1994 年)、《煤炭生产许可证管理办法》(1994 年)和《煤矿安全监察条例》(2000 年),国务院相关主管部门还制定了《煤炭经营监管办法》(2004 年)、《国有煤矿瓦斯治理安全监察规定》(2005 年)等。我国煤炭法立体体系与其他能源行业的立法相比,法规、规章数量众多,体系也较为完善和完整。1986 年《矿产资源法》的颁布,才使煤炭业等矿业走向法治。1987 年,国务院颁布了《矿产资源勘查区块登记管理办法》《全民所有制矿山企业采矿登记管理暂行办法》《矿产资源监督管理暂行办法》,这些法律和行政法规的颁布和实施,为煤炭资源所有权、矿业权及煤炭业监督管理制度的建立提供了法律根据。此外,国家强化了煤炭法治建设,制定和完善有关法律规章制度,先后出台《煤炭法》(2011 年 4 月修正)、《煤炭经营管理办法》(1999 年,已废止)等法律法规,健全煤炭工业法规政策调控体系,如《乡镇煤矿管理条例》(1994 年)、《煤炭生产许可证管理办法》(1994 年)、《煤炭生产许可证管理办法实施细则》(1995 年)、《矿产资源开采登记管理办法》(1998 年)、《煤炭经营管理办法》(1999 年,已废止)、《煤矿建设工程安全设施设计审查与竣工验收暂行办法》(2001 年)、《煤矿企业煤炭生产许可证年检办法》(1996年)、《煤炭生产许可证环境保护年检办法》(2004年)、《煤炭生产许可证管理办法实施细则》(1995年)等规定。此外,各地方也出台了配套的地方性法规,如《山西省煤炭生产许可证管理制度》,从而确保煤炭经济运行在生产、分配、交换、消费各环节都能够实现有法可依。

2016年12月,为加快推进煤炭领域供给侧结构性改革,推动煤炭工业转型发展,建设集约、安全、高效、绿色的现代煤炭工业体系,国家发改委、国家能源局发布《煤炭工业发展"十三五"规划》。《煤炭工业发展"十三五"规划》在总结分析发展现状、存在问题和面临形势的基础上,提出"十三五"时期煤炭工业发展的指导思想、基本原则、发展目标、主要任务和保障措施,是指导煤炭工业科学、健康发展的总体蓝图和行动纲领。

二、我国煤炭法的法律规定

(一) 我国《煤炭法》的制定

1996年8月29日,第八届全国人大常委会第二十一次会议审议通过《煤炭法》。该法自1996年12月1日起施行。2010年4月9日,国家能源局煤炭司召开煤炭法规政策体系建设动员会。这次会议讨论确定煤炭立法项目工作方案,部署下一步煤炭立法起草工作,推动煤炭法规政策体系建设,促进煤炭工业健康发展。此次煤炭法律体系的建设完善工作将继续贯彻《国务院关于促进煤炭工业健康发展的若干意见》的总体部署和总体要求,促进煤炭工业的健康发展。2011年4月,根据第十一届全国人民代表大会常务委员会第二十次会议《关于修改〈中华人民共和国煤炭法〉的决定》第二次修正《煤炭法》。2013年6月29日,根据第十二届全国人民代表大会常务委员会第三次会议《关于修改〈中华人民共和国文物保护法〉等十二部法律的决定》第三次修正《煤炭法》。现行版本为2016年11月第十二届全国人民代表大会常务委员会第二十四次会议修改。《煤炭法》的立法目的是,合理开发利用和保护煤炭资源,规范煤炭生产、经营活动,促进和保障煤炭行业的发展。《煤炭法》对推动我国合理开发利用和保护煤炭资源,规范煤炭生产、经营活动,促进和保障煤炭行业的发展起到重要作用。

(二)煤炭管理的相关法律制度

1. 煤炭行业规划制度

煤炭是我国工业发展的重要基础,科学、合理地编制和实施煤炭行业规划,是煤炭工业健康发展的必要前提。

第一,健全全国煤炭资源勘查规划制度。加强煤炭资源勘查工作,为煤炭开发提供可靠资源,对煤炭资源勘查进行规划。《煤炭法》第14条规定:"国务院煤炭管理部门根据全国矿产资源勘查规划编制全国煤炭资源勘查规划。"鉴于煤炭开发具有投资大、建设周期长等特点,为了合理开发利用煤炭资源,按照煤炭工业布局统筹安排煤矿建设,保障各类煤矿的协调发展,需要对煤炭开发进行规划。

第二,健全煤炭生产开发规划制度。《煤炭法》第15条规定:"国务院煤炭管理部门根据全国矿产资源规划规定的煤炭资源,组织编制和实施煤炭生产开发规划。省、自治区、直辖市人民政府煤炭管理部门根据全国矿产资源规划规定的煤炭资源,组织编制和实施本地区煤炭生产开发规划,并报国务院煤炭管理部门备案。"考虑到煤炭工业是国民经济的基础产业,煤炭工业的发展应当同国民经济和社会发展相协调。《煤炭法》第16条规定:"煤炭生产开发规划应当根据国民经济和社会发展需要制定,并纳入国民经济和社会发展计划。"

2. 煤炭生产许可制度

国家对煤炭生产实行许可制度是一种行之有效的管理手段,对依法规范煤炭生产活动、保障安全生产具有十分重要的作用。《煤炭法》第3条明确规定:"煤炭资源属于国家所有。地表或者地下的煤炭资源的国家所有权,不因其依附土地的所有权或者使用权的不同而改变。"煤矿投入生产前,煤矿企业应当依照本法规定向煤炭管理部门申请领取煤炭生产许可证,由煤炭管理部门对其实际生产条件和安全条件进行审查,符合本法规定条件的发给煤炭生产许可证。未取得煤炭生产许可证的,不得从事煤炭生产。对国民经济具有重要价值的特殊煤种或者稀缺煤种,国家实行保护性开采。严格要求如下:开采煤炭资源必须符合煤炭开采规程,遵守合理的开采顺序,达到规定的煤炭资源回采率。具体规定取得煤炭生产许可证的条件;煤炭生产许可证的发证机关;煤炭生产许可证的监督管理;等等。

3. 煤炭安全生产管理制度

煤炭安全生产事关人民群众的生命财产安全,事关改革发展、和谐稳定大局,是全国安全生产的重中之重。煤炭生产,特别是井下作业是一项高风险工作,必须确保职工安全。对此,建设安全生产监管系统,政策推动是煤矿生产安全监控行业的首要驱动要素。自2010年底以来,《国务院关于进一步加强企业安全生产工作的通知》(国发〔2010〕23号)、国家安全监管总局先后发布《煤矿安全生产"十三五"规划》《非煤矿山安全生产"十三五"规划》《安全生产科技"十三五"规划》《煤层气(煤矿瓦斯)开发利用"十三五"规划》等,对煤矿安全监控设备行业需求提供了有力的政策保障。此外,发改委又将煤矿与非煤矿山生产安全写入《"十三五"国家政务信息化工程建设规划》,充分表明政府对煤矿与非煤矿山生产安全的极度重视。大力推进《安全生产法》配套行政法规和地方性法规建设,出台《中华人民共和国刑法修正案(六)》和相关的司法解释;制定出台21部部门规章;制定和修订300余项煤矿安全标准和煤炭行业标准。新增设4个省级、7个区域煤矿安全监察机构和111个省级直属安全技术支撑事业单位,充实和加强监察监管力量。完善煤矿安全监管监察执法各项制度,建立健全与有关部门的协调联动机制,实施联合执法,煤矿安全生产法治秩序不断改善。

《煤炭法》规定,煤类企业的安全生产管理,实行矿务局长、矿长负责制。在组织煤炭生产过程中,必须遵守有关矿山安全的法律、法规和煤炭类行业安全规章、规程,加强对煤炭安全生产工作的管理,执行安全生产责任制度,采取有效措施,防止伤亡和其他安全生产事故的发生。

为防范煤矿重特大事故的发生,2005年初国务院常务会议决定,要按照企业负责、政府支持的原则,完善国家、地方和企业共同增加煤矿安全投入的机制,加快改善煤矿安全生产条件,决定把国家安全生产监督管理局升格为国家安全生产监督管理总局。同时,专设由总局管理的国家煤矿安全监察局,提高监察的权威性,强化煤矿安全监察执法。要求落实地方政府煤矿安全监督管理职责,建立地方政府领导分工联系本地区重点煤矿安全生产工作制度。建立安全生产责任制,加大煤矿安全改造和瓦斯防治投入力度,不断提高安全生产水平。

完善煤矿安全法律法规和政策标准体系,提高依法依规安全生产能力。完善煤矿安全法律法规和政策标准。进一步加快《安全生产法》《矿山安全法》《煤矿安全监察条例》等法律、行政法规的修订步伐,完成《煤矿安全规程》的全面修订工作;建立法规、规章运行评估机制和定期清理制度,及时修订相关煤炭行业标准和煤矿安全标准,完善煤矿安全法律、法规体系;支持和促进地方立法,健全完善规范完备、门类齐全、针对性强的煤矿安全生产法律法规和政策标准体系。

4. 煤炭经营管理制度

第一,国家对煤炭经营主体的资格实行审批制度。设立煤炭经营企业,须向国务院指定的部门或者省、自治区、直辖市人民政府指定的部门提出申请;有关部门依法进行资格审查;符合条件的,予以批准。申请人凭批准文件向工商行政管理部门申请领取营业执照,方可从事煤炭经营。

煤炭经营企业从事煤炭经营,应当遵守有关法律、法规的规定,改善服务,保证供应。禁止一切非法经营活动。煤矿企业和煤炭经营企业供应用户的煤炭质量不符合国家标准或行业标准的,或者不符合同约定,或值级不符、质价不符,给用户造成损失的,要依法给予赔偿。《煤炭法》第59条规定,在煤炭中掺杂、掺假,以次充好的,责令停止销售,没收违法所得,并处违法所得1倍以上5倍以下罚款;构成犯罪的,由司法机关依法追究刑事责任。

第二,继续推进煤炭资源开发整合,调整改造中小煤矿,依法关闭淘汰不符合产业政策、不具备安全生产条件、浪费资源和破坏环境的小煤矿,进一步优化煤炭产业结构。促进与相关产业协调发展,鼓励实行煤电联营或煤电运一体化经营,延伸煤炭产业链。提高煤矿机械化水平和采煤综合机械化程度,推进煤炭的清洁生产和利用,鼓励洁净煤技术的研发和推广,加快替代液体燃料研究和示范。

5. 煤矿矿区保护制度

由于煤矿企业,特别是国有重点煤矿企业的外部环境较差,盗窃、哄抢煤矿企业设施和财物,冲击煤矿矿区,扰乱煤矿企业生产、工作秩序的现象十分突出,为了依法维护煤矿企业的生产秩序和工作秩序,《煤炭法》第48条规定,任何单位或者个人不得危害煤矿矿区的电力、通讯、水源、交通及其他生产设施。禁止任何单位和个人扰乱煤矿矿区的生产秩序和工作秩序。另外,《煤炭法》还专门规定对煤矿生产设施的保护;对煤矿企业依法使用土地的保护;对煤矿企业专用设施的保护以及防止在矿区进行危及煤矿安全的作业等。

6. 乡镇煤矿管理制度

乡镇煤矿指在乡(镇)、村开办的集体煤矿企业、私营煤矿企业以及除国有煤矿企业和外商投资煤矿企业以外的其他煤矿企业。乡镇煤矿开采煤炭资源必须依照有关法律、法规的规定,申请领取采矿许可证和煤炭生产许可证。

开办乡镇煤矿必须符合国家煤炭工业发展规划,有经依法批准可供开采的、无争议的煤炭资源,有与所建矿井生产规模相适应的资金、技术装备和技术人才,有经过批准的采矿设计或者开采方案,有符合国家规定的安全生产措施和环境保护措施。办矿负责人须经过技术培训,并持有矿长资格证书。

国家对乡镇煤矿的开采范围作出限制性规定,即未经国务院煤炭工业主管部门批准,乡镇煤矿不得开采下列煤炭资源:①国家规划煤炭矿区;②对国民经济具有重要价值的煤炭矿区;③国家规定实行保护性开采的稀缺煤种;④重要河流、堤坝和大型水利工程设施下的保安煤柱;⑤铁路、重要公路和桥梁下的保安煤柱;⑥重要工业区、重要工程设施、机场、国防工程设施下的保安煤柱;⑦不能移动的国家重点保护的历史文物、名胜古迹和国家划定的自然保护区、重要风景区下的保安煤柱;⑧正在建设或者正在开采的矿井的保安煤柱。乡镇煤矿在国有煤矿企业矿区范围内开采边缘零星资源,必须征得该国有煤矿企业同意,并经其上级主管部门批准;必须与国有煤矿企业签订合理开发利用煤炭资源和维护矿山安全的协议,不得浪费、破坏煤炭资源,影响国有煤矿企业的生产安全。

7. 外商投资煤炭行业制度

自1979年全国人大颁布《中华人民共和国中外合资经营企业法》以来,经过40多年的努力,中国不仅逐步完善外商投资相关法律制度,而且努力营造公平、开放的外商投资环境,并且取得了良好成果,特别是在能源产业领域,鼓励外商投资能源相关的勘探、开采、生产、供应及运输,鼓励投资设备制造产业,从而营造良好的能源产业投资环境。

在煤炭外商投资领域,1995年《外商投资产业指导目录》规定"煤炭的综合开发利用"为鼓励类项目。但是,"炼焦煤的开采"则属于限制类项目。同时,明确煤炭的国内销售和进出口也属于限制类。1997年《外商投资产业指导目录》在继续鼓励"煤炭的综合开发利用"的同时,鼓励煤化工产品以及水煤浆、煤炭液化的生产,但在特种、稀有煤种的开采以及洗选方面仍要求中方控股或占主导地位,融通地涵盖有关炼焦煤的开采及洗选方面的限制性规定;在煤炭国内销售和进出口方面,要求中方控股或占主导地位;在煤炭运输方面,鼓励"煤炭的管道运输",其他运输服务业则没有开放。2002年及2004年《外商投资产业指导目录》继续延续1997年的煤炭勘探、开发方面的鼓励与限制性制度,虽然此时允许外商从事煤炭的国内销售,但对外贸易方面仍被划为限制性产业;运输服务业方面,外商从事水上运输的投资比例不超过49%,铁路运输方面,不迟于2004年12月11日允许外方控股,不迟于2007年12月11日允许外方独资;在公路货运方面,不迟于2002年12月11日允许外方控股,不迟于2004年12月11日允许外方独资。2007年,除了鼓励"煤炭洗选及粉煤灰、煤矸石等综合利用"和"煤炭管道运输设施的建设、经营"之外,《外商投资产业指导目录》已去掉煤炭勘探、开发、国内外流通以及运输服务相关规定,意味着煤炭相关上述领域基本上列为允许投资的产业。

此后,《外商投资产业指导目录》于2011年、2015年和2017年进行了多次修订。通过修订,进一步减少限制性措施,积极主动扩大开放,转变外资管理方式,构建开放、透明的投资环境,促进利用外资提升质量、优化升级产业结构,以开放促改革、促发展。

三、我国煤炭法的创新对策

以《煤炭法》为龙头法的煤炭行业法律为规范我国煤炭开采和经营秩序做出巨大贡献。时至今日,随着社会主义市场经济体制改革的深化,煤炭行业的内外部环境有了重大变化,《煤炭法》及相关煤炭法律规范,需要根据新时期、新情况进行相应变革。变革方向应以习近平新时代中国特色社会主义思想为指导,以煤炭法律的制度创新促进煤炭资源和煤炭行业的可持续发展。

煤炭法律创新的对策

1. 建立健全煤炭行业规划制度

在我国社会主义市场经济体制初步建立后,依靠制订国民经济和社会发展规划以及各个专项规划进行调控和管理,表明政府对经济社会的管理职能和手段正在实现从直接到间接、从微观到宏观、从项目管理到规划管理的转变。从很大意义上讲,正确提出发展战略、科学制订发展规划,也是贯彻落实科学发展观,促进经济社会可持续发展的必然要求。

针对《煤炭法》在煤炭规划方面的不足,将来修订《煤炭法》时可以考虑设立专章规定煤炭规划制度,突出煤炭规划在煤炭工业发展中的地位,并确立煤炭工业发展规划、煤炭资源勘查规划、煤炭生产开发和矿区总体规划四类规划;规定四类规划之间的关系、效力、编制内容和审批程序,规定规划变更必须履行与批准同样的程序,明确违反规划的法律责任。在此基础上,规定开办煤矿、设置矿业权、办煤炭生产许可证,以及煤炭行业管理部门和其他相关部门对煤炭工业进行调控都必须符合煤炭规划要求,防止超能力生产等,通过规划手段有效实施对煤炭工业的调控、规范、引导和管理。

2. 完善煤炭行业管理体制

我国煤炭行业需要通过法律作出新的制度性安排。对此,有必要按照管理高效、分工协作的原则,分别由国务院和地方人民政府的煤炭行业管理部门负责煤炭行业的全过程管理,将与煤炭生产相关的资源、环保、销售、国有资产,即国有重点煤矿负责人任命等管理部门行使煤炭方面的管理职能,主要通过煤炭行业管理部门实现,由行业管理部门负责相应的管理工作,行管部门制定政策、制度,并对煤炭行业管理部门在相关方面的管理工作进行监督。

3. 理顺煤炭安全生产管理制度

我国过去提高煤炭安全生产,主要依靠政府的安全监管、安全教育培训和改进安全设施,经验证明这只能在一定程度上奏效,不能从根本上解决煤矿安全问题。解决煤矿安全生产问题,必须有一套综合治理措施,除了法律、法规和行政手段外,还需强化煤炭企业社会责任,切实保障煤炭安全投入,理顺煤炭安全生产管理体制,并加强对小煤矿的整合力度。

(1)强化煤炭企业社会责任。企业的社会责任指企业在追求利润最大化的同时或经营过程中,对社会应承担的责任或对社会应尽的义务,最终实现企业的可持续发展。具体表现为,企业在经营过程中,特别是在进行决策时,除了要考虑投资人的利益或企业本身的利益,还应适当考虑与企业行为有密切关系的其他利益群体及社会的利益,除要考虑其行为对自身是否有利外,还应考虑对他人是否有不利的影响,如是否会造成公害、环境污染、浪费资源等。

矿难频发凸显煤炭行业和部分煤炭企业社会责任的缺失,这种状况已经造成多方面的消极影响,极大地妨碍和谐社会的构建。树立煤炭企业的社会责任观,关键在于使企业的经营管理者意识到履行社会责任是法律的强制性要求。一段时期,我国矿难频发的重要原因是部分煤矿企业的经营管理者缺乏社会责任意识,没有承担起"企业的社会责任"。之所以会发生这种情况,是因为缺乏企业承担社会责任的明确法律依据。2018年第四次修正的《公司法》第五条规定:"公司从事经营活动,必须遵守法律、行政法规,遵守社会公德、商业道德,诚实守信,接受政府和社会公众的监督,承担社会责任。"第17条规定:"公司必须保护职工的合法权益,依法与职工签订劳动合同,参加社会保险,加强劳动保护,实现安全生产。"但该法的规定主要针对公司制企业,对于数量庞大的非公司制煤炭企业的约束是有限的。对此,我国应当顺应世界社会责任的立法潮流,规范和加强企业社会责任立法,使煤矿企业真正承担应有的"社会责任",从根本上防范矿难事故的发生,防患于未然。

(2) 保障煤炭安全投入。鉴于现行煤炭法的缺陷,煤炭法的修订应把煤炭安全放在重要地位,以人为本,高度重视煤炭矿工的生命安全,强化煤炭安全制度,保障煤炭安全投入。具体要做好四点:第一,不断提高矿井的装备水平,实现矿井装备设施现代化,淘汰落后装备和技术,提高矿井的防灾能力。第二,提高职工的整体素质和安全意识,对职工进行分层次、分阶段地培训教育,提高其专业知识、管理能力和安全意识,让他们能够自觉遵守安全规章制度,并使其有足够能力在意外发生时进行自救。第三,为井下作业职工办理意外伤害保险、补充养老保险等不同形式的补充保险,对矿工实行职业病强制检查和治疗制度、最低生活保障制度等,保护矿工的合法权益。第四,提高职工待遇,吸引人才。防止矿工因待遇低、福利差,大量流失而不利于煤炭业的发展和安全管理的进行。第五,大幅度提高煤炭安全事故的赔偿标准。实行严厉的事故惩处,使各类煤矿尤其是中小煤矿认识到事前安全投入是值得的,从而保证煤炭企业的安全投入水平。

(3) 理顺煤炭安全生产管理体制。现行的煤炭生产管理体制管理机构多、责任分散,已构成煤炭安全生产责任的相互推诿,也成为煤炭工业健康发展的桎梏。煤矿安全的管理需要加强研究,进一步改进。

(4) 关闭整合小煤矿,从资源整合和技术更新两个方面进行技术改进,提高煤矿的生产规模和效率,推行矿井大型化、集中化、系统化。

(5) 构建煤炭安全生产协同规制体制。构建煤炭安全生产协同规制体制的重点在于工会、工人代表、工人本人,甚至人权组织的合法性和制度性的参与。工人本身对自己的利益最为关心,只有工人在规制政策决策、规制政策执行以及安全现场拥有发言权,才能保证工人的合法权益在安全规制的各个环节得到有效回应。安全生产协同规制还可以充分利用工人的现场知识和其他利益相关者的专门知识,有效发现事故隐患和达成问题的解决,可以大大降低规制成本。同时,工人在法律上和制度上的权利地位以及有效的制约关系,又可以使工人充分地监督政策执行者和企业对政策的执行和落实,有效防止寻租行为的发生。在协同规制体制中,工人、工会以及其他利益相关组织对于规制过程的参与,成为煤炭安全生产规制体系的一个有机组成部分。

4. 改革煤炭价格形成机制

要推进煤炭价格形成机制的市场化。煤炭价格市场化改革是由过去计划经济体制下的政府指令性煤电价格机制,改革为市场经济体制下由煤电市场供需关系确定煤炭价格机制。一方面,煤炭价格形成机制的市场化有助于减少煤炭浪费,节约煤炭资源和减少环境污染,也是中国与国际接轨的必然要求,是中国建立市场经济体制的一个重要组成部分。另一方面,煤炭价格形成机制的市场化是由行政手段配置资源改革为市场配置资源和建立市场化生产资料价格体系和能源价格体系的客观要求。这是一项涉及生产关系调整的制度改革,是一种根本性的价格管理制度改革,而不是一种临时措施的改进或完善,是战略性改革而不是措施改良或战术性变化。因此,需要宏观方面精心设计和用足够的时间创造必要条件和充分条件。

首先,以平均利润率为尺度协调煤电比价关系。从目前来看,煤炭价格与其真实价值有一定差距,相对于用户行业的承受能力和替代能源产品价格的上涨情况,煤炭价格还有一定的上涨空间。

其次,利用必要的税收手段。面对不合理的差价关系,政府宏观调控部门不能立刻把煤电价格拉平,只能分步到位,而分步到位又无法解决煤炭目前的困难,对此要把税收调节和调整价格的调控办法有机结合起来。

最后,建立煤电价格联动机制。建立煤电价格联动,对解决煤炭价格的双轨制,协调煤电供应关系,有效缓解当前煤电供应的紧张矛盾,调控社会对电力的需求都具有重要意义。要在适应煤炭价格市场化的前提下,建立灵活的电价调整机制,使电价调整能够及时反映煤价变化情况;既要维护电力企业的利益,也要维护煤炭企业的利益。在煤炭价格合理上涨时,电厂的利益通过电价予以疏导,但在煤炭价格下跌到不合理的价格时,也要注意保护煤炭企业的利益。

5. 大力深化煤炭税费制度改革

第一,改革煤炭增值税,促进增值税转型。鉴于煤炭增值税过重,考虑矿业的生产规律,应降低煤炭行业的增值税税率。在进项税额抵扣上,陆续允许固定资产投资和生产用料的进项税抵扣。将生产型增值税转为消费型增值税,在增值税征收办法没有调整的情况下,允许煤炭企业购建生产用固定资产、矿井水平延深、开拓等井巷工程支出按照17%的比例作为增值税进项税抵扣,以促进煤矿增加投入,保证安全生产,提高煤矿整体水平。

第二,调整资源税费政策。根据国家费改税、税费合一的基本原则,考虑资源税和矿产资源补偿费征管主体的同一性,建议取消矿产资源补偿费,重新设计资源税税率和征收管理办法。对煤炭资源进行经济评价,确定价值,修改大中型煤矿税额幅度表。仍实行从量定额征收,计税依据不变,计算方法不变,征管渠道不变。分类规定煤矿最低回采率标准,制约破坏资源现象。

第三,规范煤炭企业所得税税前扣除,完善税费体系。对煤矿企业所得税,应规范税前扣除,实行以产业导向为主的税收优惠政策,减轻企业税负,促进企业公平竞争。

6. 提升煤炭行业准入标准

我国煤炭行业集中度较低,产业集中度过低,直接后果是经营成本高、生产效率低。这些问题急需用法律的手段进行规范。国际经验也表明,在一个相对统一的市场中,行业的前四家企业的市场占有率(集中度)只有达到40%以上时,该行业的竞争秩序才可能趋于正常,否则必然导致过度竞争和无序竞争。为此,在修订《煤炭法》时应适当提高设立煤矿生产企业的门槛,严格规范办矿资质和生产许可证的发放,防止资金不足、技术设备和生产工艺落后、安全生产条件差、缺乏环保能力的单位和个人进入煤炭行业。同时,应继续加强对中小煤矿企业的行业监管,关、停不符合正常安全生产条件的中小煤矿,以维护煤炭行业的正常竞争秩序和煤炭行业的可持续发展。

7. 加强煤矿环境保护管理

落实国家对煤矿环境保护的要求,进一步做好环境保护工作,实现煤炭工业持续健康发展,加强煤矿企业环境管理的主要工作包括以下方面。

(1) 转变观念,坚持对煤矿环境的科学管理。一是要牢固树立以人为本的观念。煤炭环境管理是涉及人民群众切身利益的工作,要着眼于保护人民群众的生活质量和身体健康,切实创造良好的生产、生活环境。二是要牢固树立保护环境的观念。彻底改变以牺牲环境、破坏资源为代价的粗放型增长方式,不能以牺牲环境为代价换取一时的经济增长,不能以眼前发展损害长远利益,不能用局部发展损害全局利益。三是要牢固树立人与自然和谐的观念。发展经济要充分考虑自然的承载和承受力,坚决禁止掠夺性采矿、破坏自然的做法。四是牢固树立环境就是资源的观念。

(2)建立和完善煤炭环境管理法律、政策和制度。要建立严格的煤矿环境影响评价制度、土地复垦制度和排污收费制度。严格执行煤矿建设与环境保护设施的设计、施工与投产使用的"三同时"制度,推动煤矿环境保护工作开展。新建煤矿必须充分考虑水土保持、土地复垦、地质灾害防治和地质环境影响,采取生态环境保护措施,避免或减少对大气、水、耕地、草原、森林、海洋等不利影响和破坏。加强对煤矿"三废"治理的监督管理,严格按照国家规定标准控制废气排放,加大对煤矿有毒有害废水污染物的监督治理和查处力度。

(3)努力建立煤矿环境保护投入机制。通过结构调整和技术进步,提高清洁生产水平。逐步建立以煤炭企业为主的环境治理投资机制。鼓励社会资金投入,加大对废弃煤矿和老煤矿生态环境恢复治理的力度。要按照"谁污染,谁治理""谁治理,谁受益"的原则,制定鼓励煤炭企业做好土地复垦和再利用政策,鼓励煤炭企业发展上、下游产业,发展循环经济,走可持续发展的道路。

(4)大力发展环保产业。鼓励煤炭企业采用先进的技术装备和工艺,对矿产资源、水资源、土地资源和伴生矿资源等进行综合开发和利用,变废为宝,以取得最大经济、社会、环境效益。按照减量化、再利用、资源化的原则,综合开发利用与煤共伴生资源和煤矿废弃物。鼓励企业利用煤矸石、低热值煤发电、供热,利用煤矸石生产建材产品、井下充填、复垦造田和筑路等,综合利用矿井水,发展循环经济。支持煤层气(煤矿瓦斯)长输管线建设,鼓励煤层气(煤矿瓦斯)民用、发电、生产化工产品等。

8. 积极建立煤炭资源战略储备制度

《国务院关于促进煤炭工业健康发展的若干意见》,明确指出煤炭资源是重要的战略资源,提出要建立煤炭资源战略储备制度,对特殊和稀缺煤种实行保护性开发。

国际和国内能源供应的严峻形势已经给了中国能源安全预警,以石油为代表的中国能源安全,在国家能源与经济安全层面还很脆弱,能源的多样化、煤炭储备的重要性已经十分清楚,实施煤炭资源作为战略能源,减少出口,进行有计划的储备势在必行。可以预见在未来的几十年内,随着石油资源日趋枯竭,世界范围内的煤炭资源作为一个主要能源的时代将再次出现,煤炭竞争将变得十分激烈。

　　中国能源资源结构中,煤炭占据主导地位,决定了我国今后相当长的一段时期内仍将以煤炭为基础能源,意味着煤炭作为战略资源对中国能源安全的潜在影响不可低估。对此,我国应在战略层面上,制订科学的战略规划;在战术层面上,制订可行的实施方案,保证我国煤炭资源可持续、长期和稳定供应。为此,必须实行煤炭资源的安全储备战略,完善国家煤炭资源管理体制,建立煤炭勘探、开发准入制度,改革资源税和资源补偿费征收办法。制定煤炭资源开发和利用管理条例,加强我国煤炭资源开发规划,建立国家级煤炭基地。明确划定煤炭国家规划区、重要经济价值矿区,确定统一规划和保护性开采。实施对整块优质新煤田的资源战略保护和矿区内开采煤量的战略储备。

结束语

　　人类社会发展的历史表明,人类关于社会与自然发展的科学认识,都是建立在特定历史时期人类关于自身与可感知的自然世界水平之上。人类对生存所依附的生态环境的认识水平、价值观念、道德伦理等,必然会对包括能源科学在内的科学理论产生深远而又广泛的影响。当前,以全球碳失衡为主要标志而引发的低碳研究热潮,必将引起一系列新的产业革命,进而推动能源科学研究的历史性变革。

　　随着社会生产力的提高,人类社会对能源的需求量越来越大,当今世界能源短缺对人类社会可持续发展已构成极大威胁。能源是经济活动的基础,能源的需求和供给与一个国家的经济发展息息相关,我国改革开放以来的高速经济成长,已使得我国能源年消费量及石油进口量快速增长。

　　能源法学这门学科兼具经济法学、环境法学特点,并以法理分析为基础,又广泛涉及经济学、管理学等学科门类,具有综合性、交叉性和系统性,在调整对象和调整方法上具有较强的自身特点。正因为如此,法学界对能源法律体系的把握具有一定难度,还需要做出更大努力。

参考文献

一、著作类

[1] 陈砺,严宗诚,方利国.能源概论[M].第二版.北京:化学工业出版社,2019.

[2] 李响,陈熹,彭亮.能源法学[M].太原:山西经济出版社,2016.

[3] 莫神星.能源法学[M].北京:中国法制出版社,2019.

[4] 肖乾刚,肖国兴.能源法[M].北京:法律出版社,1996.

[5] 张剑虹.中国能源法律体系研究[M].北京:知识产权出版社,2012.

[6] 汪劲,田忙社.环境法学[M].北京:中国环境科学出版社,2001.

二、期刊类

[1] 陈守海.中国天然气产业发展面临的主要问题及立法建议[J].国际石油经济,2020,28(02):23-32.

[2] 肖国兴.能源体制革命抉择能源法律革命[J].法学,2019(12):164-174.

[3] 冯保国.加快《石油天然气法》立法 助力能源安全[J].北京石油管理干部学院学报,2019,26(04):56-58.

[4] 罗丽,代海军.我国《煤炭法》修改研究[J].清华法学,2017,11(03):79-92.

[5] 陈新松.中国天然气产业法律规范的现状、主要问题及完善建议[J].国土资源情报,2016(12):20-25+9.

[6] 代海军.从《煤炭法》修改看煤炭生产许可制度改革[J].中国能源,2014,36(07):10-12+35.

[7] 熊敏瑞.论我国能源结构调整与能源法的应对策略[J].生态经济,2014,30(03):103-108.

[8] 史丹,冯永晟,李雪慧.深化中国能源管理体制改革——问题、目标、思路与改革重点[J].中国能源,2013,35(01):6-11.

[9] 田国兴.我国石油天然气法律制度完善研究[J].湖北社会科学,2012(03):174-176.

[10] 王利.中国新能源法律、政策的缺陷与完善[J].北方论丛,2011(06):146-153.

[11] 张璐.论我国能源法律体系的应然构建与完善发展[J].北京理工大学学报(社会科学版),2011,13(05):107-111.

[12] 肖国兴.《能源法》与中国能源法律制度结构[J].中州学刊,2010(06):78-84.

[13] 解少君.论我国能源法律体系的低碳使命[J].中国环境管理,2010(03):22-26.

[14] 李艳芳,岳小花.论我国可再生能源法律体系的构建[J].甘肃社会科学,2010(02):7-11.

[15] 李涛.我国能源法律体系现状分析[J].中国矿业,2010,19(03):4-6.

[16] 张剑虹.美国、日本和中国能源法律体系比较研究[J].中国矿业,2009,18(11):12-14+28.

[17] 肖国兴.论能源法律制度结构的形成与形态[J].郑州大学学报(哲学社会科学版),2008,41(06):36-40.

[18] 叶荣泗.节能优先与能源法律体系建设[J].上海电力,2007(04):346-350.

[19] 陈姝蓉.完善我国能源法律体系的思考[J].法制与社会,2006(17):223-224.